Susanne Conrad

# Sterben für Anfänger

Susanne Conrad

# Sterben für Anfänger

Wie wir den Umgang mit
dem Tod neu lernen können

Ullstein

MIX
Papier aus verantwortungsvollen Quellen
FSC® C014496

ISBN 978-3-550-08052-4

Lektorat: Heike Gronemeier
Gesetzt aus der Sabon
Satz: Pinkuin Satz und Datentechnik, Berlin
Druck und Bindearbeiten: GGP Media GmbH, Pößneck
Printed in Germany

In Erinnerung an meine Eltern

Da ist ein Land der Lebenden und ein Land des Todes,
und die Brücke zwischen ihnen ist die Liebe –
das einzig Bleibende, der einzige Sinn.
Thornton Wilder, *Die Brücke von San Luis Rey*

# Inhalt

# Vorwort

> Wir müssen immer lernen,
> zuletzt auch noch sterben lernen.
> Marie von Ebner-Eschenbach

In unserer Welt gibt es Anleitungen und Gebrauchsanweisungen für alles und jedes – für das Bedienen des Fernsehgeräts, die Entkalkung der Kaffeemaschine, fürs Rosenschneiden, Abnehmen, den Aufbau eines IKEA-Regals. Keine Eventualität soll uns unvorbereitet treffen. Nur für den Tod, der auf uns so unausweichlich wartet wie das berühmte »Amen in der Kirche«, rüsten wir uns nicht. Wir kennen ihn zwar, begegnen ihm täglich – in Todesanzeigen, Schlagzeilen, als »Fall« in irgendeinem Krimi und gelegentlich als traurige Nachricht aus dem Verwandten- oder Bekanntenkreis. Aber immer ist es der Tod der anderen.

Wir sind entsetzt, betroffen, fassungslos, dass er oder sie so jung sterben musste, auf diese entsetzliche Weise oder ausgerechnet zu diesem Zeitpunkt. Tatsächlich kommt der Tod nie zum »richtigen« Zeitpunkt. Bei jungen Menschen nicht, schon gar nicht bei Kindern, aber auch bei alten Menschen, die ihr Leben vermeintlich gelebt haben, tun wir uns schwer, ihn zu akzeptieren. Wir betrachten den Tod als notwendiges Übel, das in unserem Leben zwar vorkommt, aber eigentlich keinen Platz hat. In unserer modernen Welt, in der es kaum noch Geheimnisse gibt und in der wir glauben, alles unter Kontrolle zu haben, hat etwas so Rätselhaftes und Unberechenbares wie der Tod einfach nichts verloren. Er verträgt sich nicht mit unserem Leistungsdenken und entpuppt sich in einer auf Spaß, Unterhaltung und Jugendlichkeit ausgerichteten Gesellschaft als unwillkommener Spielverderber. Wir haben ihn aus unseren Gedanken verbannt, ihn aus unserem Leben ausgelagert in Krankenhäuser und Pflegeheime. Die Betreuung Sterbender und die Versorgung unserer Toten haben wir abgegeben in fremde, professionelle Hände.

Wir können lange so tun, als ginge er uns nichts an. Aber irgendwann wird sich der Tod Zutritt zu unserem Leben verschaffen, und das geschieht oft plötzlich, wenn wir gar nicht mit ihm rechnen. Und dann stellen wir fest, dass wir völlig unvorbereitet und hilflos, dass wir, wenn es ums Sterben geht, blutige Anfänger sind.

Wäre es also nicht sinnvoll, sich mit dem Tod zu befassen und das Sterben zu »lernen«, damit man die einzige Chance, die man dafür im Leben hat, nicht verpatzt?

Ich plädiere dafür, dem Tod wieder einen Platz in unserem Alltag zu geben, ihn uns vertraut zu machen, ihn besser kennenzulernen. Was für frühere Generationen noch selbstverständlich war, ist in unserer Zeit die Ausnahme. Leben beginnt kaum noch zu Hause, und es endet nur noch selten dort. Wir wollen den Tod nicht im Haus haben. Er ist uns fremd geworden. Und was uns fremd ist, macht uns Angst. Aber nur, wenn wir den Gedanken zulassen, dass der Tod zum Leben gehört, wenn wir bewusster mit unserer Sterblichkeit umgehen, wird unsere Angst davor kleiner werden.

Natürlich gibt es im Umgang mit dem Tod keine »todsichere« Formel, keine endgültigen und schnellen

Antworten. Die kann es auch gar nicht geben, denn so einzigartig jeder Mensch ist, so individuell ist auch sein Sterben, so unterschiedlich erlebt er die Begegnungen mit dem Tod. Jeder muss also seine ganz persönlichen Bewältigungsstrategien entwickeln, seinen eigenen Weg finden.

Dieses Buch will deshalb auch keine einfachen, allgemeingültigen Rezepte bieten. Es soll vielmehr eine Einladung sein, sich auf die vielleicht wichtigste Entdeckungsreise unseres Lebens zu begeben, an einen Ort, den wir alle fürchten. Aber genau dort, wo wir die größte Angst spüren, werden wir den Antworten, die wir suchen, am nächsten kommen. Ich habe das selbst erfahren, auf meiner eigenen Erkundungsreise, die mich in den letzten Jahren durch eine schwere Krebserkrankung geführt und mit dem Tod meiner Eltern konfrontiert hat. Die Auseinandersetzung mit der Angst, mit Abschied und Verlust waren die bis heute schmerzhaftesten Erfahrungen meines Lebens. Es hat etwas gedauert, bis ich begriffen habe, dass mir diese Erlebnisse auch eine große Chance eröffnet haben. Die Chance, mehr über mich selbst zu erfahren und zu erkennen, was mir wirklich wichtig ist. Und das ist die beste Vorbereitung auf den Tod, der, wenn wir ihn ernst nehmen, der Schlüssel für den Sinn des Lebens ist.

Meine eigenen Erfahrungen, das, was mir andere über ihre Begegnungen mit dem Tod erzählt haben, die Gespräche mit Familie und Freunden und mein ganz persönlicher Reisegefährte, die Literatur, sind für mich zu wichtigen Orientierungshilfen geworden auf dieser Reise ins Ungewisse, die Erich Kästner so beschrieben hat:

Wir sitzen alle im gleichen Zug
Und reisen quer durch die Zeit.
Wir sehen hinaus. Wir sahen genug.
Wir fahren alle im gleichen Zug.
Und keiner weiß, wie weit.

# Von unserem Umgang mit Sterben und Tod

Erfahrungen sind Maßarbeit.
Sie passen nur dem, der sie macht.
Carlo Levi

Ich hatte Glück: Meine Reise mit dem Zug des Lebens begann beschaulich. Die Welt meiner Kindheit war ein behaglicher und freundlicher Ort, jedenfalls in meiner Erinnerung. Alles hatte seinen Platz, die Dinge waren, wie sie waren, einfach und klar. Die großen Konstanten waren meine Eltern, meine Brüder, ein Zuhause, in dem ich mich geborgen fühlte, eine beste Freundin, mit der ich im Heu Höhlen baute und Gummitwist hüpfte. Im Winter gab es noch Eisblumen an den Fenstern und der Holzofen bullerte. Alles war gut, und ich war sicher, dass sich daran nie etwas ändern würde.

Wir lebten im Glottertal in der Nähe von Freiburg, in einem Zweifamilienhaus, in dem neben uns auch unsere Vermieter wohnten, Herr und Frau Kapp, ein Ehepaar, das mir uralt vorkam. Frau Kapp war eine besonders liebe, herzliche Schwarzwälderin mit knittrigem Gesicht, die mit ihrem alemannischen Dialekt Wärme und Herzlichkeit ausstrahlte. Sie passte auf mich auf, wenn die Eltern abends mal weggingen, wenn sie backte, durfte ich immer die Teigschüssel ausschlecken, und bei Kapps habe ich zum ersten Mal in meinem Leben ferngesehen – wir bekamen erst Jahre später einen Fernseher. Spätestens mit dem Tod von Frau Kapp wurde mir klar, dass das Leben endlich ist. Sie war ganz plötzlich zu Hause gestorben, und die Tage danach war im Haus ein einziges Kommen und Gehen – Leute, die ich noch nie gesehen hatte, kamen, um Abschied zu nehmen und Beileid zu wünschen. Am Tag der Beerdigung war Frau Kapp im Hof im offenen Sarg aufgebahrt, und ihre Familie und alle Nachbarn hielten im Wechsel Totenwache. Auch mein Vater hatte eine Stunde lang am Sarg gestanden und mit den anderen gebetet. Später würden alle Nachbarn und viele aus dem Ort hinter dem Sarg her die Dorfstraße entlang auf den Friedhof gehen. Die Menschen, an denen die Trauerprozession vorbeizog, würden sich bekreuzigen und verneigen.

Ich kann mich noch heute an die außergewöhnliche Stimmung dieses Tages erinnern. Es war, als würde die Zeit stillstehen. Während die Erwachsenen Totenwache hielten, versuchte ich, einen Blick auf die Tote zu erhaschen. Hatte sie die Augen offen oder geschlossen? Was hatte sie an? Ein Totengewand vielleicht? Ich stellte mir vor, Frau Kapp würde eine Art langes, weißes Nachthemd tragen. Konnte sie sehen, wer da alles um ihren Sarg herumstand, und konnte sie das Schluchzen der Frauen hören? Ich hatte so viele Fragen …

Als meine Mutter hereinkam, fand sie mich mit plattgedrückter Nase am Fenster. Ich beschwerte mich über die schlechte Sicht, die ich von der Küche aus hatte, und die Ungerechtigkeit, dass alle Frau Kapp noch einmal anschauen durften, nur ich nicht. Während ich auf meinem Beobachtungsposten blieb, berieten sich meine Eltern leise im Flur und erlaubten mir dann, in den Hof hinunterzugehen. Ich solle aber nicht erschrecken, bereitete mich meine Mutter behutsam vor, Frau Kapp sähe jetzt anders aus als früher, denn sie sei ja tot.

Frau Kapp war der erste tote Mensch, den ich in meinem Leben gesehen habe. Sie trug kein Nachthemd, sondern Tracht, ihre Augen waren geschlossen, die Nase sehr spitz, und der Mund wirkte fast ein bisschen verkniffen. Sie sah jedenfalls sehr streng aus, nicht so lieb und freundlich wie früher. War das überhaupt noch Frau Kapp oder war sie schon im Himmel? Und wie konnte sie da oben sein, wenn sie doch hier vor mir lag? Jemand sprach von ihrer Seele, die jetzt »heimgegangen« sei zu Gott – aber was war das überhaupt, die Seele? Ein körperloser Geist, eine Art Gespenst vielleicht?

Als Sieben- oder Achtjähriger war mir klar, dass ich – jedenfalls aller Voraussicht nach und wenn ich mir nichts weiter zuschulden kommen ließ – wie all die anderen Menschen, die ich kannte, in den Himmel kommen würde. Dort gäbe es dann ein Wiedersehen, eine Art riesige Familienfeier. Aber in welchem Alter, in welchem Zustand würden wir uns da begegnen? Wären wir Kinder oder Greise oder alle gleich alt? Gesund oder krank? Wären wir nur seltsame Seelenwesen und immer fröhlich oder, wie auf der Erde, auch mal traurig oder gar böse? Wie sollte ich meine Eltern und Großeltern und Frau Kapp überhaupt finden und erkennen – denn da oben wäre ja, bei all den Toten seit der Steinzeit, sicher der Teufel los.

Und noch eine Frage trieb mich um: Was würden wir mit der ganzen unendlichen Zeit im Himmel anfangen? Ich hatte mir immer vorgestellt, ich würde mit meiner Freundin Christa im Paradies Schlüsselblumen pflücken auf einer großen Himmelswiese ganz ähnlich der vom Überhof im Ohrensbachtal. Das konnte man vielleicht ein paar Tage machen – aber Wochen, Jahre, Jahrtausende, bis in alle Ewigkeit? Mir wurde ganz schwindelig.

Irgendwann nach der Beerdigung von Frau Kapp fragte ich meine Mutter, wie sie denn abends einschlafen könne bei all dieser Ungewissheit und ob ihr die Unendlichkeit und das Universum nicht auch unheimlich seien. Ihre Antwort beruhigte mich nicht wirklich: Sie könne sich gut erinnern, dass sie als Kind auch oft darüber nachgedacht habe, aber das hätte aufgehört, andere Dinge wären dann wichtig gewesen.

Meine Mutter hatte recht: Eines Tages dachte ich abends vor dem Einschlafen an Klassenarbeiten und schlechte Noten, träumte von Jungs und Abenteuern in Südamerika. Später machte ich Einkaufslisten, führte in Gedanken Gespräche mit Vorgesetzten oder machte mir Sorgen um den Husten meiner Kinder. Das Grübeln über Unendlichkeit und Tod und Sterben hatte ich ordentlich in eine Truhe im hintersten Winkel auf dem Dachboden meiner Seele gepackt. Nur selten habe ich bei bestimmten Anlässen vorsichtig hineingespäht und den Deckel gleich wieder zugeschlagen, wenn die düsteren Gedanken in mir hochzukriechen drohten. Denn das war der Tod – düster. Während ich als Kind unbefangen und neugierig wissen wollte, was es mit ihm auf sich hatte, fürchtete ich ihn nun, sah ihn als das dunkle, gnadenlose Schicksal, das uns aus dem Leben reißt.

Natürlich habe ich mich immer wieder mit Tod und Sterben befasst, beruflich sowieso, wenn ich von Hungersnöten oder Kriegen, von Terroranschlägen und Unglücken aller Art berichten musste. Auch privat konnte ich dem Thema nicht ständig aus dem Weg gehen, es starben ferne, ältere Angehörige und Bekannte, oft im Krankenhaus oder im Heim. Aber es traf immer die anderen, die »Einschläge« kamen in sicherem Abstand, der Tod hatte etwas Abstraktes, er blieb weit weg.

Und unsere Sprache hilft uns mit einem ganzen Arsenal an Formulierungen, um ihn uns vom Hals zu halten. Noch nicht einmal das Wort »Sterben« müssen wir in den Mund nehmen. Formulierungen wie »er ist von uns gegangen«, »sanft entschlafen« oder »erlöst« ersparen uns, beim Namen zu nennen, was für uns eigentlich unaussprechlich ist. Auch für die eigene Haltung in der Begegnung mit Sterben und Tod gibt es passend konfektioniertes Vokabular: Man ist »bestürzt«, »setzt sich auseinander«, »geht mit dem Verlust um«, »stellt sich seinen Gefühlen«, »leistet Trauerarbeit«. Worte, die uns erlauben, all unsere Gefühle und Gedanken, die Trauer und die Angst fein säuberlich zu verpacken, gegebenenfalls verziert mit einem Schleifchen aus Pathos oder Betroffenheit.

Leichter als die Berührung mit dem alltäglichen Tod fällt uns erstaunlicherweise die Begegnung mit dem spektakulären, skandalösen Dahinscheiden. Mal ist es die Art und Weise des Todes, mal die Prominenz des Toten, die für Aufsehen sorgt. Im Fall von Michael Jackson traf beides zu. Der plötzliche Tod des Megastars unter mysteriösen Umständen wurde zum globalen medialen Ereignis der Superlative. Auch bei Prinzessin Diana oder dem deutschen Torwart Robert Enke wurde öffentliche Trauer bühnenreif inszeniert und die Erschütterung von Millionen medienwirksam kanalisiert. Aber der Schrecken des Todes bleibt hier ohne Risiken und Nebenwirkungen. Als bloßer Beobachter, als Schaulustiger lässt man sich emotional zwar mitreißen, ist aber persönlich nicht betroffen. Aus sicherem Abstand können wir Anteil nehmen und im Schutz der anonymen Masse den Schrecken des Todes als wohligen Grusel erleben. Beerdigungen und Trauerfeiern werden hier zur Show, bei der alle Gefühlsregister gezogen werden. Im Hintergrund immer eine diskrete Regie, die – anders als im richtigen Leben – alles unter Kontrolle hat.

Tod und Sterben sind für die meisten von uns heute ein virtueller Akt. Im Fernsehen oder auf der Leinwand wird mal fein säuberlich im Bett gestorben, ein andermal blutig durch Unfall oder Mord, in jedem Fall aber tauchen die, die eben noch kalt auf dem Seziertisch oder blutend im Wohnzimmer lagen, kurz darauf quicklebendig im nächsten Film wieder auf. Das Sterben in Videospielen hat eine besondere Qualität durch die Interaktion, denn der Spieler kann entscheiden, wer wann und auf welche Weise stirbt. Der Tod ist nicht echt, nichts jedenfalls, was uns tiefer berührt. Und: Wir haben die Dinge in der Hand – im wahrsten Sinn des Wortes –, mit Joystick oder Fernbedienung. Ein Knopfdruck genügt, und schon haben wir den Sender gewechselt, das Spiel beendet, abgeschaltet. Im wahren Leben allerdings können wir nicht wegzappen, wenn uns das Programm nicht mehr gefällt. Der Tod lässt sich nicht wegschalten.

## Wenn sich die Truhe öffnet

> So sind wohl manche Sachen, die wir getrost
> belachen, weil unsre Augen sie nicht sehen.
> Matthias Claudius

Wer nicht will, muss also seine Truhe auf dem Dachboden in der Regel für lange Zeit nicht öffnen und hineinschauen. Und das kann über Jahre und Jahrzehnte auch gut funktionieren. Aber irgendwann, beim einen früher, beim anderen später, geschieht etwas, und die Truhe öffnet sich von ganz allein, und wie Geister spuken dann die Gedanken an Tod und Sterben auf dem Dachboden unserer Seele herum. Wir entkommen ihnen nicht.

Meine Truhe öffnete sich, als ich mit der Diagnose Brustkrebs konfrontiert wurde und keiner wusste, ob und wenn ja, wie lange, ich weiterleben würde. Plötzlich war es mein eigener Tod – bis dahin etwas Abstraktes, Unwirkliches, etwas, das in einer fernen Zukunft lag –, der mir nun ganz real entgegentrat. Angst packte mich, schüttelte mich durch. Als Kind wäre ich in einer solchen Situation zu meinen Eltern ins Schlafzimmer geschlichen, um unter ihrer Bettdecke Schutz zu suchen. Diesmal konnte ich mich nicht verkriechen, nirgends. Auch Verdrängen funktionierte nicht. Es blieb mir nichts anderes übrig, als meiner Sterblichkeit ins Auge zu blicken. Ungeschützt.

Ich werde von dieser Zeit, meinen Zweifeln und Ängsten später noch ausführlicher erzählen. Für den Moment nur so viel: Wenn ich gefragt werde, was sich seither verändert hat, versuche ich das so zu beschreiben: Ich stehe zwar immer noch am selben Fluss des Lebens wie alle – aber auf der anderen Seite. Meine Perspektive hat sich verändert und meinen Blick weit geöffnet für Dinge, die ich vorher nicht oder anders gesehen habe. Sterben und Tod machen Angst, ja! Aber was wäre unser Leben ohne ein Ende? Es wäre wertlos, beliebig, eine Aneinanderreihung von Ereignissen, ein endloser Trott. Erst der Tod macht das Leben kostbar. Und wenn uns bewusst wird, dass jeder Augenblick wertvoll und unwiederbringlich ist, dann beginnen wir, unsere Zeit tatsächlich zu nutzen und zu genießen. Dann werden wir vielleicht auch mutiger, trauen uns, Dinge zu bewegen, Grenzen zu sprengen, uns über Konventionen hinwegzusetzen, denn wenn nicht jetzt, wann dann?

Vielleicht ist der Tod tatsächlich nur ein Horizont, diese Linie zwischen Himmel und Erde, bis zu der wir schauen können. Und wer weiß schon, was dahinter kommt?

Das Einzige, das wir sicher wissen, ist, dass wir hier und heute die Chance haben, unsere Zeit zu nutzen und bewusst zu leben. Wenn wir lernen, Sterben und Tod als Teil unseres Lebens zu begreifen, dann werden sich Türen öffnen, dann werden wir zu verstehen beginnen, warum wir auf der Erde sind.

## Das Verdrängen

> Der Mensch ist das einzige Lebewesen, das weiß, dass es sterben wird. Die Verdrängung dieses Wissens ist das einzige Drama des Menschen.
> Friedrich Dürrenmatt

Wir alle sind Anfänger, wenn es ans Sterben geht. Wir leben ein ganzes Leben auf diesen Moment zu, »alle Tage wandern wir zum Tode«, schreibt Montaigne. Aber nur ein einziges Mal gehen wir diesen Weg ganz zu Ende. Es ist Premiere und letzter Vorhang in einem. Ein Trost allerdings ist, dass wir im Laufe unseres Lebens immer mal wieder die Gelegenheit haben, auf Tuchfühlung mit dem Tod zu gehen. Das ist unsere Chance, sein letztes Geheimnis zwar nicht zu ergründen, aber ihn uns vertraut zu machen, auszukundschaften, zu »probieren«[1].

Der Tod von Frau Kapp war meine erste, eine sehr unmittelbare Begegnung mit ihm. Aber es gab in der Welt meiner Kindheit noch andere Anlässe und Situationen, die mich in seine Nähe führten und mir damit die Möglichkeit gaben, seine Rätselhaftigkeit zu erkunden, mich zu fragen, was die Welt in ihrem Innersten zusammenhält.

Zu den schönen Erinnerungen meiner Kindheit gehört es, krank zu sein. Wirklich! Auch wenn ich kaum schlucken konnte vor Halsschmerzen oder mich bellender Husten quälte – nie bekam ich so viel Zuwendung und Aufmerksamkeit, wie wenn ich das Bett hüten musste. Das Wunderbarste war ein Glöckchen, das auf meinem Nachttisch stand und das ich läuten durfte, wenn ich »dringend« etwas brauchte. Eine heiße Milch mit Honig, ein neues Zwiebelsäckchen gegen die Ohrenschmerzen oder einfach das Gefühl der kühlen Hand meiner Mutter auf meiner Stirn.

Einmal – ich war acht Jahre alt – lag ich wochenlang im Bett. Ich hatte einen schlimmen Unfall im Schwimmbad gehabt und mir dabei das Knie so schwer verletzt, dass die Ärzte Sorge hatten, ich könnte ein »Humpelbein« zurückbehalten. Das hat man mir natürlich nicht erzählt, um mich nicht zu ängstigen. Und so war ich nicht grade geduldig, als ich nach der Operation das eingegipste Bein eine gefühlte Unendlichkeit lang nicht bewegen durfte. Ich lag im Bett und drohte, mich zu Tode zu langweilen. Einen Fernseher hatten wir noch nicht, ohnehin begann das Programm damals erst um 17 Uhr, davor gab es nur ein Testbild. Meine Freundin Christa war in der Schule, und meine Mutter hatte anderes zu tun, als mich stundenlang zu bespaßen. So wurden zu meiner Unterhaltung Unmengen von Büchern herangeschleppt, und ich las und las, alles, was mir zwischen die Finger kam. Schön, aber auf Dauer auch eintönig. Und weil man bekanntlich zusammen weniger alleine ist, war es eine wunderbare Abwechslung, wenn Odi, meine geliebte Großmutter, zu Besuch kam. Dann saß sie stundenlang an meinem Bett, klapperte mit ihren Stricknadeln, erzählte von früher oder las mir vor. Gemeinsam haben wir in jenen Wochen alle Märchenbücher gelesen, die aufzutreiben waren – die von Hauff, den Gebrüdern Grimm und Hans-Christian Andersen, chinesische und indianische und natürlich die Abenteuer aus *Tausendundeiner Nacht*.

Bücher und Geschichten sind ein unerschöpflicher Schatz an Wissen und Erfahrung. Sie legen uns eine Welt zu Füßen, die wir in unserer Phantasie bereisen können – bis an die Enden der Erde und in die hintersten Winkel unserer Seele. Es gibt nichts, was wir in Büchern nicht finden könnten.

Auch mir lieferten damals die Märchen viel Stoff zum Nachdenken und mündeten in endlose Gespräche mit meiner Großmutter. Da gab es zum Beispiel ein arabisches Märchen – *Fern in Bagdad* – über den Lieblingsdiener des Königs von Damaskus. Der stürzte eines Tages in die Gemächer seines Herrn und erklärte ihm ganz aufgeregt, er brauche das schnellste Pferd im Stall, da er umgehend nach Bagdad fliehen müsse. Der überraschte König fragte nach dem Grund für diese überhastete Flucht und erfuhr, dass sein Diener im Garten soeben dem Tod begegnet war. Und der habe bereits die Arme nach ihm ausgestreckt. Nun müsse er so schnell wie möglich fort, um dem Tod zu entkommen. So geschah es dann auch. Nachdem der verängstigte Mann mit dem besten Pferd seines Herrn vom Hof geritten war, ging der König selbst in den Garten, um nach dem Rechten zu sehen. Als auch er dem Tod begegnete, fragte er erzürnt: »Was fällt dir ein, meinen Diener so zu erschrecken? Was willst du von ihm?«

»Ich wollte ihn nicht erschrecken«, entgegnete der Tod, »ich war nur überrascht, ihn hier zu sehen, denn eigentlich wollte ich ihn am Abend in Bagdad treffen, wo er heute noch sterben wird.«

Wir können dem Tod nicht entfliehen – nicht einmal mit dem schnellsten Pferd der Welt. Wir können ihn auch nicht übertölpeln, wie es der Arzt in Grimms Märchen vom *Gevatter Tod* versucht. Der Mann galt als Wunderheiler, wobei niemand wusste, dass er das Patenkind des Todes war und eine Abmachung mit ihm hatte: Stand der Tod bei einem Patienten am Kopfende des Bettes, so konnte der Kranke ganz sicher geheilt werden. Zeigte er sich aber zu dessen Füßen, so war dem Patienten nicht mehr zu helfen – er musste sterben. Das ging lange gut so, bis der Arzt eines Tages zum sterbenden König gerufen wurde. Als er an dessen Bett trat, sah er am Fußende den Tod stehen. Damit war klar, dass es hier eigentlich keine Hilfe mehr gab. Der Arzt aber wollte dieses Urteil nicht annehmen und drehte das Bett kurzerhand um, so dass Gevatter Tod sich mit einem Mal am Kopfende des Bettes wiederfand und der König weiterleben konnte. Der Tod, über diese Hinterlist zwar erbost, ließ den Arzt dennoch dieses eine Mal gewähren.

Kurze Zeit später wurde die Tochter des Königs, sein einziges Kind, schwer krank und der Herrscher versprach: Wer sie rettet, der darf sie zur Frau nehmen, wird König und erbt das ganze Reich. Der Arzt konnte der Versuchung nicht widerstehen und drehte abermals das Bett herum. Diesmal aber hatte der Tod kein Verständnis für diese List, am Ende bezahlte der Arzt mit seinem eigenen Leben.

Den Tod kann man nicht hinters Licht führen – nicht einmal im Märchen.

*

In unserer modernen Gesellschaft glauben wir, die Welt im Griff zu haben, alles kontrollieren zu können. Wir sind daran gewöhnt, uns gegen alles abzusichern, was unangenehm oder eine Bedrohung sein könnte: gegen Feuer und Wasserrohrbruch, Arbeitslosigkeit und Pflegebedürftigkeit, gegen Reisehindernisse und verlorenes Gepäck. Gegen den Tod aber gibt es keine Versicherung. Ihm müssen wir uns stellen, ohne Sicherheitsnetz und Rettungsleine, ohne ADAC-Schutzbrief oder Rücktrittsklausel. Er ist das einzige Ereignis, von der Geburt einmal abgesehen, das unausweichlich wirklich jeden Menschen trifft.

Aber statt uns darauf vorzubereiten, versuchen wir, das Thema Tod und Sterben zu meiden, selbst wenn es uns geradezu ins Gesicht springt.

Eine Bekannte beispielsweise, die plötzlich ein Mützchen trug statt des vertrauten Pagenkopfs, wurde von Kollegen zwar aus der Ferne freundlich gegrüßt, aber die meisten, erzählte sie mir, fragten gar nicht, was eigentlich los sei oder wie es ihr gehe. Die schnellen Rückschlüsse in den Köpfen der anderen kann man leicht nachvollziehen, die Gleichung ist simpel: Keine Haare heißt Chemo, und das bedeutet Krebs, und an Krebs kann man sterben – um Himmels willen! Bloß nicht dran rühren! »Ich nehme den Leuten ihr Verhalten noch nicht mal übel«, meinte die Frau, »sie wissen wahrscheinlich einfach nicht, was sie sagen sollen.«

Tatsächlich ist da häufig Unsicherheit und die Angst, indiskret zu sein, etwas anzusprechen, worüber ein offensichtlich Kranker vielleicht gar nicht reden möchte, das ihn womöglich verletzt und Wunden aufreißt. Für die Betroffenen ist solche Rücksichtnahme allerdings oft viel verletzender als jede noch so ungeschickt hervorgebrachte Anteilnahme. Sie fühlen sich in ihrem Leid ignoriert und alleingelassen. Aus meiner eigenen Erfahrung weiß ich, dass das Mitgefühl anderer Menschen in einer solchen Lebenskrise eine Wohltat, ein Anker, wirklicher Trost sein kann. Das ist auch eine zentrale Erkenntnis der mittelalterlichen Sage um den jungen Ritter Parzival, der auf der Suche nach dem Heiligen Gral Bewährungsproben bestehen muss und den Schlüssel zur Erlösung schließlich in einer einfachen Frage findet, der Frage nämlich: Was fehlt dir? Als er in der Gralsburg den von schrecklichem Leid sichtbar gezeichneten König Amfortas zum ersten Mal trifft, wagt er nicht, diese Frage zu stellen. Er hält sie für unschicklich und taktlos, es fehlt ihm der Mut, seiner inneren Stimme zu folgen und Mitgefühl zu zeigen. Parzival lässt den Verzweifelten damit in seinem Unglück allein. Erst als er bei der zweiten Begegnung die Frage stellt, die auf der Hand liegt, als er Anteil nimmt, sich der Not und Verzweiflung seines Gegenübers stellt, wird Amfortas geheilt (und Parzival Gralskönig).

In der alten Legende wird thematisiert, was zu jeder Zeit gegolten hat und auch heute noch gilt: Zu spüren, dass sich jemand dafür interessiert, wie es einem geht, hat etwas Befreiendes, Tröstliches. Zu erleben, dass andere mitfühlen und überlegen, wie sie helfen, einen unterstützen können, ist ein Geschenk. Eines, das nichts kostet und doch so viel wertvoller ist, als alles, was wir mit Geld bezahlen können. Eines, das vielleicht etwas Zeit in Anspruch nimmt, einen Moment des Innehaltens und Mitfühlens. Aber das heißt auch, sich an Fragen heranzutrauen und Antworten zu ertragen, die einen auch mit der eigenen Sterblichkeit konfrontieren. Da machen viele lieber einen großen Bogen.

Eine Freundin, die ihren Mann nach langer Krankheit verloren hatte, erzählte mir, wie in den Wochen danach Nachbarn und Bekannte, ja sogar Angehörige nach und nach auf Abstand gingen. Sie riefen seltener oder lange Zeit gar nicht mehr an. Wenn ihr auf der Straße Leute entgegenkamen, die früher für einen kurzen Plausch stehen geblieben waren, wechselten sie nun plötzlich die Straßenseite oder bogen unvermittelt ab. Sie hatten, so das Empfinden meiner Freundin, offensichtlich eine tiefe Scheu, ihr zu begegnen, wussten vielleicht nicht, was sie sagen sollten oder wie sie hätten trösten können. Dabei hilft es oft schon, einfach nur da zu sein und denen, die einen Verlust zu bewältigen haben, einfach zuzuhören.

Da mischen sich Hilflosigkeit und mangelndes Einfühlungsvermögen mit Ignoranz und dem Unbehagen, sich überhaupt mit dem Thema Tod auseinanderzusetzen.

*

Die Auseinandersetzung mit Sterben und Tod empfinden viele Menschen als morbide, schlichtweg erschreckend. Eine Freundin, der ich von meinem Buchprojekt erzählte, schaute mich entsetzt an: »Warum tust du dir das an?«

Wir wollen uns die Konfrontation mit dem Tod nicht »antun« – nicht bei anderen und schon gar nicht bei uns selbst. Das Verdrängen funktioniert auf allen Ebenen, auch wenn es nur darum geht, Vorsorge zu treffen, sich dem Thema ganz nüchtern und sachlich zu nähern.

Als ich mich in meinem Umfeld kürzlich umhörte, wer denn schon ein Testament oder eine Patientenverfügung aufgesetzt habe, da kamen Antworten wie: »Ach, da hab ich doch noch Zeit«, »Das ist ja viel zu früh«, »Mit so was mag ich mich noch nicht befassen«, einer zeigte sich geradezu abergläubisch: »Ich weiß nicht, ich habe das Gefühl, dass es Unglück bringt, sich jetzt schon darum zu kümmern«, oder es gab auch die ganz grundsätzlich abwehrende Einstellung: »So was brauche ich nicht, das wird sich dann schon finden«, oder »Sollen doch die anderen sich darum kümmern, wenn's so weit ist«. Jedoch ist es aus mehrfachen Gründen keine gute Idee, Vorsorgemaßnahmen aufzuschieben oder gänzlich abzulehnen – aber dazu komme ich noch.

Diese Haltung des »Wegschauens« und Ignorierens, wenn es um das Thema Tod geht, ist neu, ein modernes Phänomen. In früheren Zeiten war es schlechterdings unmöglich, dem Tod aus dem Weg zu gehen, ihn zu verdrängen. Er war allgegenwärtig. Im Mittelalter rafften Pest, Hungersnöte und Kriege Millionen dahin. Die Säuglingssterblichkeit war hoch, die Lebenserwartung dramatisch niedrig – noch im 17. Jahrhundert erlebten nur etwas mehr als die Hälfte der Menschen ihren zehnten Geburtstag. Hatten sie den hinter sich gelassen, waren die Aussichten deutlich besser, alt werden zu können. Viele Kinder starben schon bei der Geburt, wie unzählige Mütter auch, die aufgrund der völlig unzulänglichen hygienischen Verhältnisse oft das Wochenbett nicht überlebten, wenn sie nicht schon während der Geburt ihr Leben ließen. Etliche Krankheiten, die heute relativ ungefährlich sind, weil sie behandelt oder durch eine Impfung verhindert werden können, waren bis ins 19. Jahrhundert hinein noch ein Todesurteil. Diphtherie und Keuchhusten, Masern, Mumps und Wundstarrkrampf wurden nicht nur Kindern zum Verhängnis. Eine harmlose Wunde konnte zu einer schweren Infektion führen und ein baldiges Ende bedeuten. Es wurde massenhaft gestorben, oft plötzlich und schnell. Langes Siechtum war eher selten. Der Tod war den Menschen vertraut, von Kindesbeinen an. Er gehörte zum Leben und konnte jeden jederzeit ereilen. »Media vita in morte sumus« – »mitten im Leben sind wir vom Tod umfangen«, heißt es schon im 9. Jahrhundert bei Notker von St. Gallen und später bei Luther.

Heute ist das anders: Die Lebenserwartung hat sich in den letzten 140 Jahren fast verdoppelt. In unseren Breiten ist die Ernährung gut und ausreichend, wir haben sauberes Wasser, schwere, früher tödlich verlaufende Erkrankungen sind gut behandelbar. Bei einer Aussicht auf achtzig Lebensjahre und mehr können wir es uns leisten, unser Ende zu verdrängen. Es ist ein bisschen wie bei kleinen Kindern, die die Händchen vors Gesicht halten und denken, dass sie so für alle anderen unsichtbar sind. Aber: Auch wenn wir noch so trotzig wegschauen, so tun, als ginge uns der Tod nichts an – er wird uns trotzdem finden, vielleicht viel früher oder ganz anders als wir denken.

Unabwendbar steuert unser aller Leben auf dieses gemeinsame Ziel zu. Und wir sind die einzigen Lebewesen, die das wissen. Dass wir dieses Wissen verdrängen, ist, so behauptet Friedrich Dürrenmatt, das große Drama des Menschen.

Warum aber verdrängen wir den Tod? Die Antwort ist einfach: Wir haben Angst.

## Die Angst

Wenn einer keine Angst hat, hat
er keine Phantasie.
Erich Kästner

»Angscht!« – wie ein kleines Gespenst muss ich meinen Eltern an der Bettkante erschienen sein, vielleicht drei Jahre alt, mit schreckgeweiteten Augen und blass um die Nase. »Angscht«, weil ich als Schwarzwälder Kind noch nicht vornehm »s-t« sprechen konnte, schon gar nicht mitten in der Nacht. Und weil mir die »Angscht« wohl deutlich anzusehen war, durfte ich ins Bett meiner Eltern kriechen, wo ich mich den Rest der Nacht gemütlich eingerichtet, tief geschlafen und offenbar so lebhaft geträumt habe, dass meine Eltern kein Auge mehr zutaten. Das hat mein Vater später oft erzählt.

Wovor ich nun genau Angst hatte, das konnte ich damals nicht sagen: vielleicht vor dem »Nachtkrapp«, von dem es hieß, dass er nachts umhergehe und Kinder fange, um sie aufzufressen. Das hatte ich im Kindergarten aufgeschnappt. Vielleicht war es auch einfach nur zu dunkel im Zimmer gewesen oder ich hatte Geräusche gehört, die ich nicht einordnen konnte – wer weiß. Was ich allerdings noch weiß, ist, dass die Angst ein häufiger Begleiter meiner Kindheit war, meist nachts, wenn die

Gedanken kamen. Ich bin mir nicht sicher, wann das anfing, aber ich kann mich gut erinnern, wie ich, den Kopf ins Kissen gedrückt, meinen eigenen Herzschlag hörte wie ferne Schritte. Und dann begann das Nachdenken: über die Unendlichkeit, das Universum, das – unvorstellbar für mich – nirgendwo aufzuhören schien, und über die Zeit, die nie begonnen hatte und niemals enden würde. Welche Rolle spielte ich in dieser Ewigkeit? War mein Leben auf diesem Zeitstrahl so viel wie der Bruchteil einer Sekunde oder nur ein Bruchteil dieses Bruchteils oder gar nichts?

*

Die Angst gehört zu unseren größten Feinden, wenn wir sie gewähren lassen. Sie kann aber zu einem zuverlässigen Freund und Ratgeber werden, wenn wir lernen, mit ihr umzugehen.

Etymologisch, also sprachgeschichtlich, ist das Wort »Angst« verwandt mit dem lateinischen *angor*, was übersetzt Würgen und Beklemmung heißt, und mit dem indogermanischen *angh*, was eng bedeutet. Tatsächlich erleben wir Angst häufig als etwas sehr Beklemmendes, ein Gefühl, auf das wir auch körperlich reagieren, mit rasendem Puls oder Enge in Brust und Hals, als würde uns jemand die Luft abschnüren.

Die Natur hat diesen Angst-Mechanismus gewissermaßen als Alarmanlage für uns eingerichtet. Es ist ein uralter Überlebensinstinkt, der uns hilft, in einer Gefahrensituation schnell zu reagieren, ohne groß nachdenken zu müssen. Vor Hunderttausenden von Jahren wurde Angst in unserem Gehirn mit drei Impulsen gekoppelt: angreifen, fliehen, tot stellen. Und auch wenn wir uns heute nur noch selten vor wilden Tieren oder Naturgewalten schützen müssen, reagiert unser Gehirn noch immer so, und das kann zu Fehlalarmen führen. Dann übernehmen biologische und chemische Prozesse die Regie. Kein Wunder, dass wir uns »starr vor Angst fühlen«, unter Schock stehen, nicht klar denken können.

Auch wenn keine akute Gefahr für Leib und Leben droht, kennen wir alle das Gefühl, dass Angst lähmen kann. Ich hatte als Kind vor allem Möglichen Angst: vor der Dunkelheit, seltsamen Schatten an der Wand oder vor der nächsten Lateinarbeit. Fast jeder kennt die Angst vor Prüfungen, vor Versagen und Blamage, das Gefühl, etwas nicht zu schaffen. Manche haben gute Gründe, sich vor der Zukunft zu fürchten, weil vielleicht ihr Arbeitsplatz auf dem Spiel steht, eine schwere Schuldenlast drückt oder die Gesundheit nicht mehr mitmacht. Wir alle haben Angst davor, Menschen, die wir lieben, zu verlieren, und Angst davor, allein zu sein. Wir sollten uns solchen Ängsten nicht widerstandslos hingeben, uns nicht in sie hineinfallen lassen wie in ein tiefes, dunkles Loch. *Angst essen Seele auf* heißt ein Film von Rainer Werner Fassbinder – treffender kann man kaum formulieren, was mit uns passiert, wenn uns die Angst verschlingt, wenn wir uns auf ihre dunkle Seite begeben.

Aber, so schreibt die Philosophin Rebecca Reinhard in ihrem klugen Buch *Die Sinndiät*: »Die Angst erinnert uns daran, was uns am wichtigsten ist – weil sie uns darauf hinweist, dass wir es verlieren können. (…) Wenn wir ihr keine Gelegenheit geben aufzutauchen, verlieren wir auf Dauer das Gespür dafür, was wirklich zählt.«[2]

Angst kann also durchaus sinnvoll und hilfreich sein. Sie kann uns in extremen Situationen das Leben retten, im Alltag aber auch – wie das GPS im Auto – eine Art Navigator für uns sein. Und damit meine ich nicht, dass wir uns von Angst leiten und in unserer Handlungsfreiheit einschränken lassen, wie das bei schweren Phobien der Fall ist. Die Angst kann uns als Lotse aber auf den Weg des Fragens führen: Wovor habe ich Angst und warum?

Als ich vor über zehn Jahren eines Mittags in einer radiologischen Praxis saß, fühlte ich mich sicher und völlig angstfrei. Ich hatte zwar einen Knoten getastet und auch ein schmerzhaftes Ziehen in der Brust gespürt, aber mein Frauenarzt hatte mich beruhigt: Krebs tut nicht weh, hatte er erklärt, vermutlich sei das eine entzündete Brustdrüse – nichts Ernstes jedenfalls. Die Mammographie hatte er nicht wirklich für nötig gehalten, aber, na gut, zur Kontrolle, sie wäre ohnehin irgendwann fällig gewesen. Ich war also gelassen, bis sich der Gesichtsausdruck des Röntgen-Arztes plötzlich veränderte. »Das sieht nicht gut aus«, sagte er unvermittelt und schaute mit zusammengekniffenen Augen auf das Ultraschallbild, auf dem ich nicht viel erkennen konnte. Nur graue Schlieren, wie Wellen in einem aufgewühlten bleifarbenen Meer. Und dann war da, wie ein Störenfried, noch dieser kleine dunkle Fleck. »Es tut mir leid«, sagte der Radiologe mit tonloser Stimme, »ich fürchte, Sie müssen sich auf das Schlimmste gefasst machen.« »Das Schlimmste« war ein Mamakarzinom, ein kleiner, aber sehr gemeiner Tumor, der in meiner Brust gewachsen war und schon in die Lymphknoten gestreut hatte.

Da war sie wieder, die »Angscht«. Diesmal war der Schatten an der Wand mein eigener Tod. Ein Gefühl, als würde der Boden unter mir wegbrechen. Der Krebs lehrte mich und meine Familie das Fürchten. In den Tagen nach der Diagnose hatte ich das Gefühl, von allem und jedem wie durch eine unsichtbare Wand getrennt zu sein. Mein Leben war plötzlich aus den Fugen geraten. Wer ich war, wofür ich stand, alles war mit einem Mal in Frage gestellt.

Mütter sind dafür zuständig, dass ihre Kinder vernünftige Schuhe anhaben, das Pausenbrot einpacken und morgens pünktlich aus dem Haus kommen. Sie sorgen dafür, dass man ins Bett geht, obwohl man noch gar nicht müde ist, zwingen einen, alberne Wollmützen aufzusetzen, weil man sich sonst erkälten könnte, und bügeln Ärger aus, wenn in der Schule mal was schiefläuft. Manchmal sind Mütter auch genervt, schlecht gelaunt oder müde, aber sie sind da, wenn man sie braucht. Mütter sind alles Mögliche, doch sie sind nicht krank, jedenfalls nicht ernsthaft. Es passt einfach nicht in die Vorstellungswelt von Kindern, dass Mütter – oder Väter – plötzlich ausfallen, die Dinge nicht mehr unter Kontrolle haben.

Als ich an Krebs erkrankte, waren meine Kinder acht, vierzehn und siebzehn Jahre alt. Mit ihrer Angst sind sie jeweils sehr unterschiedlich umgegangen. Mein Ältester lenkte sich ab, traf sich mit Freunden, machte viel Sport. Meine Tochter fühlte sich verantwortlich, glaubte, meine Aufgaben übernehmen und sich um mich kümmern zu müssen. »Es ist ein Gefühl, als stünde man ganz hoch oben unter der Zirkuskuppel auf dem Seil, und unten fehlt das Netz«, so hat sie mir einmal beschrieben, wie sie diese Zeit erlebt hat. Unser Jüngster musste zuschauen, wie seine Welt aus den Fugen geriet, wie es seiner Mama immer schlechter ging, sie eine Glatze bekam und sich ständig übergeben musste. Mein Mann war damals der Einzige, der unseren Alltag irgendwie am Laufen hielt. Er war nicht unterzukriegen, aber Angst, das weiß ich, hatte auch er: Wie würde unsere Zukunft aussehen? Würde es eine Zukunft ohne mich sein? Würde ich meine Kinder aufwachsen sehen?

*

Ich bin jemand, der über alles immer reden muss. Das war auch während meiner Krebserkrankung nicht anders, und so habe ich mit meinem Mann oft und lange über das »was wäre, wenn« gesprochen. Er war bei mir, wenn ich mir die Seele aus dem Leib kotzte, und machte mir Mut, wenn ich aufgeben wollte. In der Zeit, in der alles dunkel und ausweglos schien, in der ich weder ein Ende des Tunnels und schon gar kein Licht dort sehen konnte, entzündete er im Finstern immer wieder kleine Lampen von Trost und Zuversicht für mich. Dieses Gefühl der Zusammengehörigkeit, die Gewissheit, nicht allein zu sein, machte die Angst erträglich. Ich wusste, wir schaffen das, ganz gleich, wie die Geschichte enden würde. Auch mit den Kindern haben wir damals vorsichtig und doch so offen wie möglich über die Krankheit und die Therapie gesprochen. Vor allem dem Jüngsten habe ich versucht, Schritt für Schritt und seinem Alter entsprechend zu erklären, was da mit mir passierte und warum. Dass der Knoten herausoperiert werden musste, damit er keinen Schaden mehr anrichten konnte. Und dass die bedrohlichen Nebenwirkungen der Chemo eigentlich ein gutes Zeichen waren, denn wenn es mir so schlechtging, ginge es auch dem Krebs an den Kragen. Uns war wichtig, dass da kein Raum für Angstphantasien blieb, die bei Kindern oft viel schlimmer sein können als die Wirklichkeit. »Bin ich schuld, Mama«, hat mein Achtjähriger einmal gefragt, »bist du krank, weil ich böse war?« Seinem Verständnis nach musste es einen kausalen Zusammenhang für meine Krebserkrankung geben, irgendjemand musste doch verantwortlich dafür sein. Manchmal legte er sich, wenn es mir schlechtging, einfach zu mir ins Bett, und dann redeten wir darüber, dass eine schlimme Krankheit jeden treffen kann, selbst den nettesten Menschen.

Aber auch ich stellte mir die Frage nach der Schuld, nach meiner Schuld: Warum war ich krank geworden? Hatte ich etwas falsch gemacht? Diese Fragen quälten mich Tag und Nacht. Der Knoten, die Metastasen bestimmten mein Denken. Alles drehte sich um die Krankheit: Operation, Chemo-, Strahlentherapie. Irgendwann, während die Therapiemühle so vor sich hin mahlte, las mir mein Arzt die Leviten: »Frau Conrad«, sagte er, »kämpfen Sie nicht so verbissen gegen Ihre Angst, sehen Sie sie als Ratgeber, folgen Sie ihr.«

Und er hatte recht. Als ich mir meine Ängste näher anschaute und mich fragte, wovor genau ich mich eigentlich fürchtete und warum, waren sie keine Gegner mehr.

Da war zum Beispiel die schreckliche Furcht, der Krebs könnte bereits in andere Organe oder die Knochen gestreut haben. Plötzlich schmerzten der Oberschenkel und das Knie, und ich war sicher: Das sind Metastasen. Ich wollte meinem Mann zuerst gar nichts davon erzählen, wollte ihn nicht beunruhigen und machte mir gleichzeitig unendlich viele Sorgen: Was wäre, wenn das Knochenszintigramm verdächtige Stellen zeigen würde? Hätte ich dann überhaupt noch eine Chance? Irgendwie hatte ich das Gefühl, darüber zu reden, meine Ängste zu benennen würde die Gefahr noch viel realer machen.

Aber das Gegenteil war der Fall: »Du machst den dritten Schritt vor dem ersten«, erklärte mein Mann, als ich ihm doch von meinen Befürchtungen erzählte. »Was Knochenmetastasen bedeuten, darüber machen wir uns Gedanken, wenn wir wissen, dass du welche hast.« Ich brauchte also Klarheit, und von dem Moment an, als mein Arzt mir sagte, dass die Untersuchung noch nicht einmal den Hauch eines Verdachts ergeben hatte, waren die Schmerzen wie weggeblasen.

Ich merkte: Das beste und wirksamste Mittel gegen die Angst ist Wissen. Sobald ich weiß, was mit mir passiert, was in meinem Körper geschieht, warum sich meine Seele so verknotet, desto weniger wird die Angst. »Die Angst ist verschwunden, wenn man ihr die volle Aufmerksamkeit gewidmet hat«, sagt der indische Philosoph Jiddu Krishnamurti.

Wenn das Hinterfragen und Verstehen also der Schlüssel ist, unsere Angst vor dem Tod zu besiegen, dann sollten wir uns genauer ansehen, was wir im Zusammenhang mit Tod und Sterben wirklich fürchten. Das mag bei jedem etwas anderes sein, bei vielen Menschen dürften aber, wenn nicht alle, dann vielleicht doch einige der folgenden Punkte auf ihrer persönlichen Liste stehen:

Die Angst, Wichtiges nicht erledigt zu haben
Kein sinnvolles Leben gelebt zu haben
Keine Spuren zu hinterlassen
Schmerzen zu haben
Die Würde zu verlieren
Allein sterben zu müssen
Geliebte Menschen zurücklassen zu müssen
Für immer ausgelöscht zu sein

Ich habe die Erfahrung gemacht, dass es hilft, die eigenen Ängste näher anzuschauen und sie in Fragen zu verwandeln. Denn dann können wir nach Antworten suchen.

# Vom Sinn des Lebens

> Weißt du, was in dieser Welt
> Mir am meisten wohlgefällt?
> Dass die Zeit sich selbst verzehret
> Und die Welt nicht ewig währet.
> Friedrich von Logau

Warum muss ich sterben? Warum jetzt? Warum habe ich nicht mehr Zeit? Warum wird mir ein geliebter Mensch genommen, den ich doch noch brauche? Das sind Fragen, mit denen wir uns in der Begegnung mit dem Tod konfrontiert sehen – wenn ein geliebter Mensch stirbt oder im Augenblick einer Diagnose, die keine oder kaum noch Hoffnung lässt. Als ich mich mit der Möglichkeit vertraut machen musste, vielleicht nicht mehr lange zu leben, fragte auch ich mich: Warum ausgerechnet ich? Und warum so früh? Die Kinder brauchten mich noch, ich konnte sie doch nicht alleine lassen! Ich hatte noch so viel vor, noch so vieles zu erledigen, ich war doch längst nicht fertig mit meinem Leben! Ich war 43, verdammt noch mal, das ist doch kein Alter zum Sterben.

Aber gibt es das »richtige« Alter? Natürlich bemühen wir in solchen Fällen alle gerne Statistiken zur Lebenserwartung, aber der Tod ist kein Beamter, er ist ein Anarchist, der sich nicht an Regeln hält. Wenigstens nicht an unsere. Wir sind daran gewöhnt, unser Leben – mehr oder weniger – unter Kontrolle zu haben, selbst darüber zu entscheiden, was wir grundsätzlich tun und was wir lassen wollen und vor allem unter welchen Umständen. Der Tod spielt da nicht mit, er kommt, wann *er* will. Er ist ein Eindringling, der sich ungefragt ins Private einmischt, sich Zugang zu unserem Leben verschafft, in dem er aber doch bitte nichts zu suchen hat. »Für mich ist jeder Tod Anlass zum Aufstand«, hat sich ein Bekannter mal empört. Den wollen wir nicht, gegen den begehren wir auf, der hat hier nichts verloren – Revolution!

Wir können gegen alles und jeden aufbegehren, mögen dabei auch Erfolg haben, gegen den Tod aber kommen wir nicht an. Mal taucht er ganz unvermittelt und plötzlich auf, als Schicksalsschlag, Unfall oder unerwartete schwere Krankheit. Ganz überwiegend trifft er uns am Ende eines langen Lebens. Selbst dann allerdings, das haben mir Pfleger, Hospizmitarbeiter und Ärzte erzählt, klagen Sterbende häufig: »Ach, wenn ich doch noch ein bisschen mehr Zeit hätte, nur ein paar Monate vielleicht oder ein Jahr.« Selbst Menschen, die ein hohes Alter erreicht haben, meinen, noch Dinge erledigen zu müssen, wünschen sich eine letzte Chance, um ihre Angelegenheiten und Beziehungen zu ordnen. Sie versuchen mit dem Tod zu verhandeln und Zeit zu schinden. Das ist kein neues, sondern ein uraltes Phänomen. Schon der alte Seneca machte sich Gedanken »über die Kürze des Lebens« und konnte beobachten: »Keiner hat etwas fertig, denn immer verschieben wir unsere Geschäfte auf die Zukunft«, aber »indem man das Leben verschiebt, eilt es vorüber«[3].

Aber warum schieben wir das, was uns in der Konfrontation mit dem Tod plötzlich so wichtig erscheint, jahrelang vor uns her? Wie oft höre ich Freunde, Kollegen, Bekannte sagen: »Also, nächstes Jahr wird alles anders.« Oder: »Wenn die Kinder größer sind, wenn es im

Job endlich rundläuft, wenn ich in Rente gehe … dann wandere ich über die Alpen. Dann nehme ich mir all die Bücher vor, die sich ungelesen im Regal stapeln. Dann gehe ich öfter ins Konzert, lerne endlich Italienisch oder lege den Rosengarten an, von dem ich schon immer geträumt habe.« Irgendwann eines fernen Tages, nur nicht heute. Es ist ein ewiges Vertagen und Verschieben, bis es zu spät ist. Für all die schönen Dinge, die man doch so gerne noch gemacht hätte, für ein klärendes Gespräch, dem man viel zu lange aus dem Weg gegangen ist, für einen wichtigen Brief, den man noch schreiben wollte, den einen Satz, der am Ende vielleicht ungesagt bleibt und doch so wichtig gewesen wäre.

Um Ausreden, warum es heute leider wieder nicht geklappt hat, auch morgen nicht, und auch nicht in zwei Jahren, sind wir selten verlegen. Irgendwas ist immer.

Eine Freundin hatte ihre Großmutter länger nicht besucht, obwohl es keine großen Umstände bereitet hätte, auf einen Sprung bei ihr vorbeizuschauen. Nur ein kleiner Umweg auf der Fahrt von der Arbeit nach Hause, keine zwanzig Minuten. Natürlich hätte sich das irgendwie in den Tagesablauf einbauen lassen. Aber immer war etwas dazwischengekommen. Eine Sitzung, eine Verabredung fürs Kino, der Pilates-Kurs, irgendwelche Erledigungen … Manchmal fühlte sie sich einfach auch nur zu müde und abgespannt. Ihre Mutter hatte ihr am Telefon mehrfach erzählt, dass es der Großmutter nicht besonders gutgehe, dass sie schwächer werde und nur noch im Bett liege. Mehrfach habe sie nach ihrer Enkelin gefragt. »Oma würde sich einfach freuen, dich wieder mal zu sehen.« Nach solchen Telefonaten nagte das schlechte Gewissen. Gleich morgen oder übermorgen fahre ich bei ihr vorbei – ganz bestimmt. Irgendwann, zwischen zwei vermeintlich unaufschiebbaren Terminen, starb die Großmutter meiner Freundin. Sie hat sie nicht mehr lebend gesehen. Bis heute hadert sie damit, wie sie so achtlos hatte sein können. Sie hat sich nie verziehen, sich nicht diese eine Stunde genommen zu haben, um noch einmal am Bett ihrer Großmutter zu sitzen und ihre Hand zu halten.

Keine Zeit! Das ist das Mantra unserer Tage und die Erklärung für so vieles, was unerledigt bleibt. Aber haben wir tatsächlich so wenig Zeit? Und wenn ja, warum gibt es dann ein Unsinns-Wort wie »Zeitvertreib«? Oder setzen wir einfach nur die falschen Prioritäten?

Nehmen wir ein Beispiel: das Fernsehen. Im Schnitt verbringen die Deutschen fast zehn Jahre ihres Lebens vor der Glotze. 2012 waren es rund 220 Minuten *am Tag*. Das sind 110 Stunden im Monat, rund 55 Tage im Jahr – und da sind die Stunden vor dem Computer, an der Spielkonsole oder im Internet noch nicht mit eingerechnet. Haben wir nichts Besseres mit unserer kostbaren Lebenszeit zu tun? Zumal eine australische Studie ergeben hat, dass langer Fernsehkonsum der Gesundheit genauso schadet wie Rauchen oder mangelnde Bewegung. Und im *British Journal of Sports Medicine* konnte man 2011 lesen, dass jede Stunde vor dem Fernseher unsere Lebenszeit verkürzt. Aber keiner scheint sich darum zu scheren, obwohl wir am Lebensende um jedes Jahr, jeden Monat, jede Stunde feilschen. Nicht jeder Fernsehabend ist »verlorene« Zeit. Verloren ist sie dann, wenn wir uns nur berieseln lassen, weil wir nichts mit uns anzufangen wissen, wenn wir die Zeit nicht nutzen, um zur Oma zu fahren, Rosen zu pflanzen, Italienisch zu lernen, die Alpen zu überqueren … Ist es nicht eigenartig, dass wir gerade wenn es um unsere Träume, unsere Bedürfnisse geht, unsere Pläne so leicht, ja fast leichtfertig auf die lange Bank schieben? So, als hätten wir ewig Zeit dafür?

## Nur eine Frage der Zeit?

> Man kann den Wert eines Lebens nicht
> nach der Länge bemessen;
> Er ist vom Inhalt abhängig.
> Michel de Montaigne

Stellen wir die Frage einmal andersrum: Wäre alles einfacher und besser, wenn wir mehr oder gar unbegrenzt Zeit hätten? Würden wir dann alles unter einen Hut bekommen – oder die lange Bank doch nur wieder um ein paar Meter verlängern, dass noch mehr draufpasst? Würden wir unsere Zeit sinnvoller nutzen?

In der westlichen Welt gelingt es uns inzwischen, mit gesunder Ernährung, Sport und Anti-Aging-Maßnahmen, mit Kollagenen, Enzymen und Hormonen den Alterungsprozess immer weiter hinauszuzögern. Ein Sechzigjähriger war vor hundert Jahren noch in einer ganz anderen körperlichen Verfassung als ein Gleichaltriger heutzutage. Und noch viel wichtiger: Durch die medizinischen und pharmakologischen Entwicklungen der letzten anderthalb Jahrhunderte ist es gelungen, auch die Lebenszeit des Menschen deutlich zu verlängern. Mit ausgetüftelten Medikamenten mit komplizierten Wirkmechanismen, durch Apparate wie Herzschrittmacher und Dialysegeräte, durch Stammzellenforschung, die beschädigtes oder abgestorbenes Gewebe neu wachsen lassen kann, schlagen Wissenschaftler und Forscher immer mehr Zeit für uns heraus.

Das ewige Leben kann uns zwar (noch) keiner versprechen, aber eine Lebenszeit von 150 Jahren ist in absehbarer Zeit durchaus realistisch. Molekularbiologen auf der ganzen Welt arbeiten daran, den Tod hinauszuzögern. Wie alt ein Mensch wird, hängt – abgesehen von den Lebensumständen – unter anderem von der Länge seiner Chromosomen ab. Genauer gesagt, von ihren Endstücken, den Telomeren. Sie sind gewissermaßen die Schutzkappen unserer Chromosomen, wie die Plastikenden von Schnürsenkeln, die dafür sorgen, dass die Enden beim häufigen Gebrauch nicht allzu schnell ausfransen. In ihnen tickt die biologische Uhr der Zelle. Mit jeder Zellteilung aber verkürzen sich diese Telomere, und wenn sie aufgebraucht sind, kann die Zelle sich nicht mehr teilen. Ihre – und damit unsere – Lebensuhr ist abgelaufen. Wenn es gelingt, die Telomere vor Verschleiß zu schützen oder sie zu verlängern, dann könnte der Mensch länger, theoretisch sogar ewig leben.

Aber ist das wirklich erstrebenswert?

Der amerikanische Wissenschaftsjournalist David E. Duncan hat mehr als 30000 Menschen dazu befragt, wie alt sie gerne werden würden, wenn sie es selbst bestimmen könnten. Zur Auswahl standen: 80, 120, 150 Jahre oder bis in alle Ewigkeit. Und siehe da: Eine klare Mehrheit von 58 Prozent war mit der Lebenserwartung von achtzig Jahren zufrieden, die heute im Durchschnitt in den westlichen Ländern erreicht wird. 29 Prozent konnten sich ein Alter von 120 Jahren vorstellen, 10 Prozent würden die 150 ausreizen wollen, aber nur 3 Prozent wünschten sich ein Leben ohne Tod.[4]

Stellen wir uns dennoch einen Moment lang vor, wir

könnten ewig leben. Mit meiner Mutter habe ich diesen Gedanken als Kind durchgespielt, als ich mich wieder einmal darüber beschwert hatte, dass wir alle sterben müssen. »Wie wäre das denn, wenn es keinen Tod gäbe?«, fragte sie. »Was würdest du mit der vielen Zeit tun?« Ich fand die Vorstellung faszinierend! Ich würde nichts verpassen, müsste nicht über die Zukunft rätseln müssen, denn ich würde sie ja selbst erleben und hätte immer alle bei mir, die mir wichtig wären. Ich könnte jeden Ort der Welt besuchen und all die Berufe, von denen ich träumte, einmal ausprobieren, müsste mich nie entscheiden und würde irgendwann alles perfekt beherrschen.

»Und dann?«, warf meine Mutter ein. Selbst wenn ich auf diese Weise ein paar Jahrhunderte sinnvoll herumgebracht hätte, was würde ich dann mit den Millionen von Jahren anfangen, die noch vor mir lägen? Ewiges Leben hieße doch auch ewige Wiederholung und damit ewige Langeweile.

Ich begann zu grübeln. Hätte man tatsächlich Freude daran, alles wieder und wieder zu durchleben? Alles würde inflationär, kein Ereignis hätte für sich genommen noch eine Bedeutung, nichts wäre mehr besonders, sondern zigmal da gewesen, alles würde untergehen, mitgerissen vom Strom des ewig Gleichen. Natürlich würde es einige spannende Neuerungen geben, Science-Fiction im Alltag sozusagen – aber wären wir dem auch gewachsen? Und was hieße das für unsere Beziehungen? Relativ rasch würde man doch den Überblick nicht nur über Liebschaften, sondern auch über all die Enkel, Urenkel und Ururenkel verlieren.

Das Ergebnis unseres Gedankenspiels war schließlich, dass das Leben vor allem dadurch kostbar wird, dass eben nicht alles wiederholbar, sondern einzigartig, weil vergänglich ist. Das ewige Leben wäre eines ohne Ziele, ohne Perspektiven. Wir hätten keine Visionen mehr, bräuchten keine Entscheidungen zu treffen, könnten alles nicht nur auf morgen, sondern gleich aufs nächste Jahrtausend, ja auf den Sanktnimmerleinstag verschieben. Wir würden uns zu Tode langweilen und wären irgendwann des Lebens müde.

Saturn, der römische Gott der Zeit und der Dauer, riet seinem Sohn Chiron der Mythologie nach deshalb davon ab, sich Unsterblichkeit zu wünschen: »Du brauchst dir nur zu überlegen, wie viel härter und unerträglicher ein Leben, das niemals ein Ende nähme, für die Menschen sein müsste ... Hätten sie den Tod nicht, so würden sie mich dauernd verfluchen, dass ich ihn ihnen vorenthalten hätte.«[5]

Der Tod gibt allem erst Gewicht, er verhindert, dass wir uns in der Unendlichkeit von Möglichkeiten verzetteln, macht uns klar, was wirklich wichtig ist. Damit ist er »die wahrscheinlich beste Erfindung des Lebens«, wie Apple-Erfinder Steve Jobs 2005 in seiner berühmt gewordenen Rede vor Absolventen der Stanford University sagte: »Er ist der Erneuerer des Lebens, gestaltet den Wandel. Er schafft das Alte beiseite, um Platz für Neues zu machen.« Damals hatte Jobs bereits Bekanntschaft mit dem Tod gemacht, ein Jahr zuvor war bei ihm Bauchspeicheldrüsenkrebs festgestellt worden. Sechs Jahre später ist er daran gestorben.

Der Tod ist nicht weniger als die Aufforderung, unser Leben zu nutzen, ihm einen Sinn zu geben und unsere Zeit nicht zu vergeuden, bevor wir irgendwann das »Alte« sind, das der Tod beiseiteräumt. »Carpe diem« heißt das bei Horaz, »nutze den Tag«. Clevere Marketing-Strategen haben diese Weisheit millionenfach auf Kaffeebechern, Schlüsselanhängern und T-Shirts verewigt. Aber, so strapaziert und malträtiert der Spruch inzwischen auch sein mag – er ist immer noch wahr. Wem die alte Sentenz trotzdem zu platt und abgegriffen ist, der kann sich an Leo Tolstoi halten: »Denke immer daran, dass es nur eine wichtige Zeit gibt: Heute. Hier. Jetzt.«

## Alles – und zwar sofort

As sly as a fox, as strong as an ox
As fast as a hare, as brave as a bear
As free as a bird, as neat as a word
As quiet as a mouse, as big as a house

All I wanna be, all I wanna be, oh
All I wanna be is: EVERYTHING
Lenka, *Everything at once*

[So schlau wie ein Fuchs, so stark wie ein Ochs
So schnell wie ein Hase, so mutig wie ein Bär
So frei wie ein Vogel, so klar wie ein Wort
So still wie eine Maus, so groß wie ein Haus
Alles, was ich sein will, alles, was ich sein will, oh
Alles, was ich sein will ist: ALLES]

»Fast fünfzig Jahre hab ich gehabt, und was habe ich damit gemacht?«, das fragte sich ein Freund, der zur gleichen Zeit wie ich an Krebs erkrankte, der wie ich eine Chemotherapie durchgestanden und es am Ende doch nicht geschafft hat. Er musste gehen, ich durfte bleiben. In der Konfrontation mit seinem eigenen Sterben stellte er alles in Frage, bewertete sein gesamtes Leben neu. Geld, Karriere, Einfluss, die teuren Reisen um die halbe Welt, die schicken Hotels, die vielen Flugmeilen, die er gesammelt hatte – das alles hatte plötzlich keinen Wert mehr. Effektivität und Schnelligkeit, jahrelang die Eckpunkte seines beruflichen Erfolgs, waren mit einem Mal bedeutungslos. Ein echtes Privatleben hatte er nie gehabt und sich damit sogar noch gebrüstet. Seine Verzweiflung darüber, »falsch« gelebt und Wichtiges verpasst zu haben, schien bei ihm fast noch größer als seine Angst vor dem Tod.

Inzwischen weiß ich, dass es vielen Menschen ähnlich geht. Sie hatten von außen betrachtet ein gutes und erfolgreiches Leben. Die Parameter, die unsere Gesellschaft dafür anlegt, sind die, nach denen auch mein Freund gelebt hatte. Wir häufen Dinge an, setzen Erfolg und Geld mit Glück gleich, leben nach dem Prinzip schneller, besser, weiter. Und merken dabei nicht, dass wir einer Schimäre hinterherjagen. Bei meinem Freund kam diese Erkenntnis am Ende seines Lebens. Seine Bilanz war bitter, er quälte sich mit Selbstzweifeln und Vorwürfen.

Seine Frage, was er eigentlich aus seiner Lebenszeit gemacht hat, geht mir seither nicht mehr aus dem Kopf. Wie würde meine Bilanz ausfallen? Und hat sie sich in den Jahren seit meiner Diagnose geändert? Habe ich etwas daraus gelernt, die Krankheit als Wegweiser genutzt?

*

Das amerikanische Wirtschaftsmagazin *Forbes* hat 2012 eine Liste der größten Versäumnisse zusammengestellt, die Menschen auf ihrem Sterbebett bereuen.[6]

Dazu gehört auf Platz 1, auf Kosten von Familie und Freunden zu viel gearbeitet zu haben. Alle klagten, der Beruf habe zu großen Raum eingenommen, zu häufig hätte eine Rolle gespielt, was Vorgesetzte oder die Kollegen dachten, viel zu oft sei man für seinen Arbeitgeber erreichbar gewesen, hätte sich sogar die Nächte um die Ohren geschlagen. Erst jetzt sei ihnen klargeworden, dass es viel sinnvoller gewesen wäre, mehr Zeit mit dem Partner oder den Kindern zu verbringen, mit ihnen zu reden, Ausflüge zu machen oder ihnen etwas beizubringen. Auch Freundschaften seien oft viel zu kurz gekommen.

Wenn man den Schlussstrich unter das eigene Leben zieht und seine Endabrechnung macht, stellt man schnell fest, dass letztlich nicht die vielen Überstunden im Büro zählen, auch nicht all die Sitzungen, bei denen man nur körperlich anwesend war, oder die unzähligen, oft überflüssigen E-Mails, die doch nur belegen sollten: Ich bin am Ball. Für diejenigen, die sich die Frage nach dem Sinn am Ende stellen mussten, war die Antwort plötzlich klar. Zeit für andere und Zeit mit anderen, das war es, was am Schluss übrig blieb. Sie trauerten den vielen verpassten Gelegenheiten nach, machten sich Vorwürfe, die falschen Prioritäten gesetzt zu haben.

Ein anderer Punkt auf der *Forbes*-Liste war die Erkenntnis, dass man sich zu oft von Ängsten habe ausbremsen lassen: von der Angst zu scheitern, zu versagen, ausgelacht zu werden, andere zu verärgern. Weil ihnen der Mut gefehlt habe, seien eigene Träume und Wünsche auf der Strecke geblieben. Sie hätten Chancen nicht ergriffen oder seien vor Herausforderungen zurückgeschreckt – aus Angst vor Risiko und Veränderung. Viele mussten erkennen, dass sie nicht ihr eigenes Leben gelebt hatten, sondern eines, das andere, die Eltern beispielsweise, ihnen vorgegeben hätten.

Steve Jobs hat in seiner Rede in Stanford den Tod als hilfreichen Sparringspartner ins Spiel gebracht: »Die Erinnerung daran, dass ich bald tot sein werde, ist für mich das wichtigste Hilfsmittel, um große Entscheidungen in meinem Leben zu treffen. Weil fast alles – die Erwartungen anderer, Stolz, jegliche Angst vor Peinlichkeit oder Scheitern – angesichts des Todes verschwindet und nur übrig lässt, was wirklich wichtig ist. Die Erinnerung daran, dass du sterben wirst, ist der beste Weg, den ich kenne, um der Vorstellung zu entgehen, du hättest etwas zu verlieren.«

Wenn wir den Tod als eine Art Ratgeber sehen, dann kann er uns tatsächlich klarmachen, was wichtig ist. Und damit meine ich nicht: wichtig im Sinne anderer oder der Gesellschaft, sondern wichtig vor sich selbst. Wenn wir diesen Ratgeber nicht erst im Ernstfall »zur Hand nehmen«, sondern uns heute schon fragen würden: Bin ich zufrieden mit meinem Leben so wie es bisher war? Was sollte ich anders machen, will ich den Zug meines Lebens vielleicht auf neue Gleise setzen?

Auch bei mir war es aber der Ernstfall, die unvermittelte Krebsdiagnose, die mich hat innehalten lassen, die meine Perspektive, meine Sicht auf die Dinge und mein Leben verändert hat. Wie jeder Mensch bin ich ein Gewohnheitstier, jeder kennt Beteuerungen wie »das wird sich ändern«, sie gehen einem in einer Krise recht leicht über die Lippen. Ist die Krise vorbei, ist der alte Trott schnell wieder da. In solchen Situationen rufe ich mir die Frage in Erinnerung, die ich mir in der Hochphase meiner Krebserkrankung oft gestellt habe: Wäre mir das auf dem Sterbebett tatsächlich wichtig?

Diese Frage hilft mir noch heute, wenn ich in schwierige Entscheidungssituationen komme. Wenn ich aus den Augen verliere, was ich mir damals fest vorgenommen habe. Dass ich nämlich nicht mehr »everybody's darling« sein, sondern vielmehr die Dinge vertreten möchte, von denen ich überzeugt bin. Ich möchte mich einsetzen für das, was mir wichtig ist, und dafür nehme ich in Kauf, auch mal anzuecken. Ich möchte das nicht als Rücksichtslosigkeit oder Egoismus verstanden wissen, auch wenn ich weiß, dass für meine Umgebung meine Impulsivität und Direktheit gelegentlich unverständlich und anstrengend sein mögen. Auch für mich sind solche Situationen nicht immer angenehm. Aber wenn ich für meinen Standpunkt nicht mehr eintrete, kann ich es dann eigentlich nicht gleich lassen? Jeder muss sich wohl die Frage stellen: Genügt es mir, einfach mitzumachen und meine Ruhe zu haben, oder will ich *meinen* Weg gehen, etwas bewirken, das umsetzen, an das ich glaube?

Eine Frage, die gleich die nächsten nach sich zieht. Denn wenn ich meinen Weg gehen will, muss ich wissen: Wer bin ich? Wer will ich sein? Was ist mir wichtig, und was kann ich dafür tun?

Als Kind und später auch als Jugendliche wollte ich schlicht alles. Und am besten sofort. Alles ausprobieren, keine Chance auslassen, so wie die australische Sängerin Lenka in ihrem Song *Everything at once*.

Solange wir jung sind, scheint das auch möglich. Keine Vernunft, kein Realitätssinn pfeift selbst die wildesten Gedanken zurück. Selbst wenn unsere Vorstellungen von der Zukunft im Laufe der Jahre klarer und realistischer werden, gibt es auch später immer noch eine Fülle von Möglichkeiten, die wir nur zu ergreifen brauchen.

Wir könnten unser Leben ständig neu erfinden. Die Welt ist ein Spielplatz, eine Wundertüte, aus der unaufhörlich Chancen herauspurzeln. Wir müssten uns nur bücken, um sie aufzuheben. Nach Karl Jaspers ist die Zukunft »der Ort der Möglichkeiten und damit der Freiheit«. Nur, wie nutzt man diese Freiheit? Und wie erkennen wir sie überhaupt?

Ich habe es selbst und später auch bei meinen Kindern erlebt: Am Ende der Schulzeit hält das Leben so viele Einladungen bereit, so viele Türen stehen offen. Und da soll man sich für einen Weg entscheiden, soll alle anderen Türen zuschlagen? Soll wissen, was richtig ist und vor allem, was man wirklich selber will? Die Eltern warten mit oft unerwünschten Ratschlägen auf, Lehrer, Freunde, einfach jeder weiß, was gut und richtig für einen ist. Da ist es schwer, sich zu entscheiden. Noch dazu, wenn man so jung ist und vermeintlich alle Zeit der Welt hat.

Steve Jobs' Rat an die Studenten der Stanford University war klar, als er mahnte: »Eure Zeit ist begrenzt, also vergeudet sie nicht damit, das Leben eines anderen zu leben. Seid nicht in Dogmen gefangen – das hieße, den Gedanken anderer zu folgen. Lasst nicht den Lärm fremder Meinungen eure eigene innere Stimme ersticken. Und vor allem: Habt den Mut, eurem Herzen und eurer Intuition zu folgen. Die wissen schon, was ihr wirklich werden wollt.«

Die »innere Stimme« ist ein sehr kluger und verlässlicher Ratgeber. Sie meldet sich immer, wenn wir uns für oder gegen etwas entscheiden müssen, wenn wir festlegen: Das ist richtig und das ist falsch. Wir haben nur verlernt, auf sie zu hören, vor allem in den Momenten, wenn sie etwas anderes sagt, als wir gerade hören wollen. Wir fangen an mit ihr zu diskutieren, Argumente zu finden, um sie zu widerlegen. Ich kann mich an viele Situationen erinnern, in denen meine innere Stimme mir sagte: »Lass das, es ist nicht gut für dich!« Und sie hatte jedes Mal recht – was ich vor allem immer dann gemerkt habe, wenn ich ihr nicht gefolgt bin.

Um sie zum Klingen zu bringen, könnten wir uns folgende Fragen stellen: Was hat in meinem Leben die größte Bedeutung? Wovon träume ich? Wovor habe ich Angst? Die Antworten darauf werden nie endgültig sein, sondern sich im Laufe unseres Lebens wandeln. Was uns als jungem Menschen wichtig war, sehen wir nach Jahrzehnten voller Erfahrungen vielleicht anders. Wir müssen Einschränkungen und Begrenzungen akzeptieren, müssen auch das Schwierige, das uns das Leben aufgibt, tragen. Krankheiten, Abschiede, Krisen und private Katastrophen können unser Leben für immer verändern. Sie sind, wie der Tod, die Erinnerung daran, selbst die vermeintlich kleinen Dinge des Lebens wertzuschätzen und sie nicht einfach als selbstverständlich hinzunehmen. Auch ich habe erst begriffen, welch ein wertvolles Gut die Gesundheit ist, als ich krank war. Plötzlich wurde mein Körper, um den ich mich nie besonders gekümmert hatte, mein Verbündeter im Kampf gegen den Krebs. Bis heute bin ich stolz und dankbar dafür, was er gemeinsam mit mir erduldet hat, um ihn zu besiegen.

Wie oft hadern wir damit, dass andere es vermeintlich leichter haben, das Schicksal ihnen gnädiger gesonnen ist. Aber in unserem Leben geht es nicht um Glück oder Pech, sonst wäre es eine Lotterie und das Lebensziel 6 Richtige mit Zusatzzahl. Manches ist Vorgabe, anderes Fügung, in jedem Fall aber ist es unsere Aufgabe, die Herausforderungen, die uns begegnen, anzunehmen und zu bewältigen. Das gilt auch für den Tod. Das wird immer wieder Kraft und Überwindung kosten, sich am Ende aber lohnen, unserem Leben einen Sinn geben – und zwar jetzt und hier und heute.

Wenn wir am Ende also nicht zu denen gehören wollen, die wünschten, sie hätten es anders gemacht, dann sollten wir uns dabei an Professor Dumbledore aus *Harry Potter* erinnern: »Viel mehr als unsere Fähigkeiten sind es unsere Entscheidungen, die zeigen, wer wir wirklich sind.«[7]

## Lehrstunden

Erst kam der berühmte Schuss vor den Bug.
Zuvor war ich dumm, hernach war ich klug.
Robert Gernhardt

Mal ist ein Herzinfarkt der berühmte »Schuss vor den Bug«, dann wieder ein schwerer Unfall oder eine Krebserkrankung. Bei mir war es die Diagnose Brustkrebs. Mein Leben, mein Verhältnis zu Sterben und Tod, mein Umgang mit Krisen, das Gefühl, was wichtig und was unwichtig ist – das alles hat sich seitdem verändert. Und auch ich selbst bin nicht mehr die, die ich vorher gewesen bin.

Erst war da die Frage: Muss ich sterben? Wie viel Zeit habe ich noch? Und dann kam dieses quälende »Warum«? War das die Quittung für meine Fehler? Oder darf man vielleicht nicht ungestraft glücklich sein?

Eigentlich hatte ich mich völlig gesund gefühlt, als ich

so unvermittelt mit meiner eigenen Sterblichkeit konfrontiert wurde. Ein Ultraschallbild hatte von einem Augenblick zum anderen alles verändert. Die Zeit danach empfinde ich rückblickend wie in einem Sog – irgendwie wurde ich mitgerissen, konnte mich nirgendwo festhalten, wurde umhergewirbelt, hatte keinen festen Boden mehr unter den Füßen. Ich wurde zur Grenzgängerin zwischen Hoffnung und Verzagtheit, zwischen meinem alten Leben und dem Unbekannten, das vor mir lag.

Nach der Operation kam die Generalinventur, die Suche nach Metastasen – Lungenröntgen, Knochenszintigramm, Leber- und Bauch-Ultraschall. Und dann das Warten auf die Ergebnisse der Gewebeuntersuchungen. Ein Satz, den der Arzt fast beiläufig hatte fallenlassen, ging mir bei dieser Warterei wieder und wieder durch den Kopf. Auf meine Frage, wie denn meine Prognose sei, hatte er gesagt: »Wenn keine Lymphknoten befallen sind, dann sind die Chancen gut. Wenn sie befallen sind, dann sind sie nicht gut.« Als die Bestätigung kam, dass der Krebs gestreut hatte, brach alles über mir zusammen. Ich habe damals Tagebuch geführt, und wenn ich heute diese Seiten lese, dann spüre ich wieder dieses Gefühl der Angst und Wut und Hoffnungslosigkeit. Dann sind die Gedanken an den Tod wieder ganz nah.

Während der Chemo hing ich alle drei Wochen für jeweils fünf bis sechs Stunden am Tropf. Ich nahm an einer Studie teil, und meine Therapie war deshalb aggressiver als der damals übliche Standard. Beutelweise flossen die Zytostatika in meine Venen, eines der Präparate war giftig-rot. Diese grell leuchtende Farbe des Epirubicin, das sich eiskalt in meinem Körper ausbreitete, werde ich nie vergessen. Beim ersten Infusions-Zyklus ging es noch, ich fühlte mich nur matt und müde, ab dem zweiten war es eine Tortur: Übelkeit, stundenlanges Erbrechen, die Gliedmaßen bleischwer. Tagelang war ich völlig aufgedunsen, ich fühlte mich elend und schwerkrank. Auf der Seite, auf der das Gift in meinen Körper tropfte, brannten die Venen und machten irgendwann dicht, eine Thrombose in der Ellenbeuge und Schmerzen von der Schulter bis in die Fingerspitzen. Beim dritten Mal befiel mich die schwere Übelkeit schon, als ich das Behandlungszimmer betrat – eine Art Pawlow'scher Reflex. Den anderen Frauen, die wie ich auf ihre Dosis Gift warteten, ging es genauso. Und immer war da dieser metallische Geschmack im Mund und ein unerträglicher Geruch, den keiner sonst riechen oder schmecken konnte. Der Haarausfall war für mich noch das Harmloseste und wie all die anderen heftigen Reaktionen meines Körpers für mich der Beweis, dass die Chemo wirkte. Wenn ich so völlig elend war, musste das auch den Krebs in die Knie zwingen. Gleichzeitig fühlte ich mich eigentlich erst durch die Therapien richtig krank, und irgendwann war der Punkt erreicht, wo ich wusste: Das halte ich nicht mehr aus, dann bin ich lieber tot. Ich habe die Chemo damals nach dem vierten Zyklus abgebrochen – in Abstimmung mit den Ärzten, die mir versichert haben, dass mein Rückfallrisiko damit nicht größer würde.

Danach folgte die Bestrahlung. 36-mal, jeden Tag mit Ausnahme der Wochenenden, fand ich mich in einem kahlen Raum ein, in dem ich mit einer riesigen Maschine ganz alleine war. Irgendwie unheimlich, nur das Klackern des Apparates zu hören, dieses Surren, wenn die Strahlen abgeschossen wurden, aber sonst nichts zu sehen, nichts zu spüren. Nach etwa der Hälfte der Bestrahlungen befiel mich allmählich eine bleierne

Müdigkeit. Ich konnte mich manchmal kaum noch rühren. Anders als die Chemo habe ich die Bestrahlungen aber durchgezogen. Im Anschluss habe ich fünf Jahre lang Medikamente mit extrem unangenehmen Nebenwirkungen nehmen müssen; oft habe ich dagesessen und mich gefragt, ob mein Leben irgendwann wieder normal sein würde. Es wurde wieder normal. Und wenn ich mich heute frage: Hat sich die ganze Quälerei, haben sich die Schmerzen, die Ängste, hat sich dieses ganze Elend gelohnt, dann sage ich ohne jede Einschränkung und aus tiefstem Herzen: Ja!

Diese Phase war eine Zeit großer Verzweiflung, aber zugleich eine mit ganz einmaligen, besonderen Erfahrungen. Ich musste begreifen, dass auch mein Leben endlich ist. Das hat mich zutiefst erschreckt, aber gleichzeitig hat es mir die Chance zu einer umfassenden Bestandsaufnahme gegeben. Wenn ich tatsächlich schon so früh würde sterben müssen, dann sollte vorher wenigstens alles einmal auf den Prüfstand kommen. Ich wollte mein Leben auf seinen Sinn hin abklopfen: Was war gut, was fehlte? Was würde ich noch ändern, erledigen, verwirklichen wollen, bevor ich tatsächlich bereit wäre, mich zu verabschieden?

Lange Zeit war der Brustkrebs die zentrale Größe in meinem Leben, aber ganz allmählich spürte ich einen Wandlungsprozess. In der Auseinandersetzung mit meiner Krankheit lernte ich mich selbst besser kennen, fand heraus, was mir wirklich wichtig ist, was zählt.

Ich begriff zum Beispiel, wie wichtig es war, genauer auf meine innere Stimme zu hören, die mir in der Vergangenheit oft gesagt hatte: Ich kann nicht mehr, es ist zu viel, das macht mich krank. Zeitweise hatte ich mir beruflich einfach zu viel aufgeladen, zwei Sendungen im permanenten Wechsel, in Mainz und Berlin, das Hamsterrad drehte sich nicht nur, es rotierte mit manchmal atemberaubender Geschwindigkeit. Angetrieben von meinem eigenen Ehrgeiz, aber auch aus dem Gefühl heraus, kein Angebot, keine Herausforderung ablehnen zu können. Würde ich einmal »nein« sagen, fürchtete ich, würde man mir keine weitere Chance bieten. Und zu Hause wartete ja noch meine Familie, die auch nicht zu kurz kommen durfte. Vor lauter schlechtem Gewissen wollte ich vor allem mir selbst beweisen, dass ich auch da alles im Griff hatte, im Kindergarten die schönste Laterne basteln und zu Weihnachten – wie alle perfekten Mütter – auch noch Plätzchen backen konnte. Zeit für mich selbst gab es nie.

Dass ich doch »nein« sagen konnte, das merkte ich erst, als es fast schon zu spät war. Ich liebe meinen Beruf, nach wie vor, aber ich wollte mich nicht mehr so hin- und hergerissen fühlen zwischen dem Stress, der Hektik und den Anforderungen meiner Arbeit und meinem Familienleben. Ich habe klare Prioritäten gesetzt: Meine Familie ist das Allerwichtigste für mich – sie steht an erster Stelle – immer. Und: Ich will gesund bleiben. Das hat auch dazu geführt, dass ich heute mehr auf mich und meinen Körper achte, sorgsamer mit mir umgehe und gelassener als früher auf Ärgernisse reagiere, weil ich weiß, dass es auf diese Kleinigkeiten nun wirklich nicht ankommt. Ein Blechschaden am Auto, ein verpasster Zug, ein Fleck auf dem Teppich, auf dem unser Hund sich mit Hingabe gewälzt hat – früher hätte mich das aufgeregt, vielleicht sogar aus der Fassung gebracht. Heute weiß ich: Davon geht die Welt nicht unter – da spare ich meine Kräfte lieber für echte Katastrophen.

Leider ist das ein Zustand, der nicht permanent anhält. Natürlich kann ich mich immer noch oder wieder über Bagatellen aufregen, und das ist gut so. Denn wer will schon ständig abgeklärt durchs Leben gehen. Aber der Rahmen meines Lebens ist heute ein anderer. Spiritualität hat für mich neue Bedeutung gewonnen, und auch meine Haltung zu Sterben und Tod ist eine andere. Die Angst befällt mich jedes Mal wieder, wenn eine Nachsorge-Untersuchung ansteht. Aber ich habe gelernt, sie auszuhalten und sie als etwas Hilfreiches zu sehen. Jedes Mal, wenn der Arzt Entwarnung gibt, fühle ich eine enorme Erleichterung und habe wieder dieses Gefühl, das mir zwischendurch gelegentlich abhandenkommt: dieses Gefühl, dass das Leben ein großartiges Geschenk ist.

Viele Frauen, die wie ich mit dieser oder einer anderen schweren Krankheit leben müssen, haben mir erzählt, dass sie ganz ähnlich empfinden. Sie lebe intensiver, hat mir eine Freundin gesagt, seit sie wisse, dass sie weniger Zeit als andere habe. Lebenslustiger sei sie geworden und sie würde nicht mehr so viel grübeln.

*

Bei einer fortgeschrittenen Krebserkrankung, die den Zeithorizont begrenzt, wird der Mensch nicht urplötzlich aus dem Leben gerissen. Der Tod nähert sich leise, schleicht sich an – wir wissen, dass er irgendwo lauert und dass wir ihm nicht entkommen. Deshalb bleibt Kranken, die ihr Ende kommen sehen, gar nichts anderes übrig, als sich diesem Gedanken zu stellen, sich mit ihm auseinanderzusetzen.

Für meine Freundin Ava kam dieser Moment vor fünf Jahren. Monatelang hatte sie an Bauchschmerzen und Durchfällen gelitten, war auf Laktose-Intoleranz behandelt worden, hatte ihren Speiseplan umgestellt, Globuli und Tees probiert – nichts hatte geholfen. »Merkwürdig«, meinte sie später, »ich habe mich auf die Ärztin verlassen, weil ich einfach nicht wollte, dass es etwas Ernstes ist.« Tatsächlich war es sehr ernst. Seit bei ihr Darmkrebs diagnostiziert und befallene Lymphknoten im Bauchraum gefunden wurden, ist Ava achtmal operiert worden. Erst wurde ein Stück Darm, dann eine Niere samt Harnleiter, ein Eierstock und schließlich Teile der Lungen entfernt. Zwei Chemotherapien hat sie durchgestanden, mit unerträglichen Taubheitsgefühlen in Händen und Füßen, mit diesem entsetzlichen Geruch in der Nase und einer Mattigkeit, die ihr zeitweise jede Lebenskraft nahm. Schmerzen sind heute Teil ihres Alltags. Man kann sagen, dass die letzten Jahre eine echte Qual für sie waren. »Trotzdem«, versichert sie, »bin ich mit meinem Leben zufrieden – damit, wie es war und wie es heute ist. Ich habe alles so gemacht, wie ich wollte.«

Vor mehr als 25 Jahren kam Ava nach Deutschland, sie ist froh, dass sie hier mit ihrem Mann und ihren Kindern in Freiheit leben kann. Es war nicht immer leicht, ihre große Familie in Afghanistan hat ihr manchmal sehr gefehlt. Aber sie empfindet es als ihren ganz persönlichen Sieg, als Genugtuung, dass sie nicht in ständiger Angst leben muss, in immerwährender Furcht vor Gewalt und religiösem Fanatismus. Auch ihre Kinder müssen sich vor niemandem verstecken, können ihre Gedanken frei äußern, und vor allem die Mädchen müssen nicht das Gefühl haben, Menschen zweiter Klasse zu sein, sie müssen kein Doppelleben führen – ein öffentliches und ein privates – wie so viele Frauen in ihrer Heimat. »Dass ich meinen Kindern das ermöglicht habe, das macht mich stolz«, sagt Ava. »Mehr hätte ich für mich und für sie nicht erreichen können.«

Ihr Leben hat sich seit der Diagnose grundlegend verändert. Das fängt schon damit an, dass sie nichts mehr planen kann. Sie lebt in Segmenten, sagt sie, in Drei-Monats-Intervallen. Die Kontrolluntersuchungen alle zwölf Wochen geben ihr den Lebensrhythmus vor, schicken sie auf eine Achterbahnfahrt zwischen Hoffen und Bangen, neuen Schreckensmeldungen oder Entwarnung. Haben die Ärzte nichts gefunden, lebt sie auf, fühlt neue Kraft, die Zuversicht kehrt zurück. Aber gegen Ende der Frist kommt die Verzweiflung wieder, die Anspannung, die Niedergeschlagenheit, und alles beginnt von vorn.

Aufgegeben hat Ava trotzdem nicht. Den meisten Auftrieb gibt ihr die Familie, sie hat ihr immer das Gefühl gegeben, dass es sich lohnt, durchzuhalten. »Ich bin realistisch«, meint sie, »ich weiß, dass es bald vorbei sein kann. Aber ich genieße die Zeit, die ich habe, so lange ich sie habe. Sie ist wertvoller geworden.« Dass sie keine Pläne mehr schmieden kann, ist in Ordnung für Ava. Warum Zeit mit etwas verbringen, das vielleicht sowieso nicht mehr passiert. Sie konzentriert sich auf die Gegenwart, auf das Hier und Jetzt, nimmt vieles leichter als früher, macht sich um Kleinigkeiten keinen Kopf mehr, weil sie weiß, dass es Schlimmeres gibt. Natürlich fällt auch sie manchmal zurück in den alten Trott, aber immer nur, bis die nächste Kernspin-Untersuchung näher kommt. Dann plötzlich zählt für sie wieder jeder Tag und jede Stunde. Noch wolle sie nicht sterben, manchmal habe sie große Angst davor, sagt sie. Aber sie sei vorbereitet, und wenn der Tod käme, dann könnte sie damit leben, meint Ava und lacht über den Widersinn ihrer Worte.

Was sie beschreibt, habe ich in vielen Gesprächen mit schwerst- und todkranken Menschen gehört und auch selbst erfahren: Eine Krankheit kann bei all dem Schrecken, den sie mit sich bringt, eine Bereicherung sein. Nach der Krise und der Verzweiflung, die eine solche Diagnose auslöst, kommt die Erkenntnis, dass man die kostbare Zeit künftig besser nutzen, vielleicht andere Prioritäten setzen will. Man muss und sollte nicht alles über Bord werfen, was bisher gegolten hat, aber man wird manches vielleicht anders bewerten und ein neues Gefühl für das eigene Leben entwickeln. Eine Mitpatientin, die immer sehr diszipliniert gelebt hatte, beschloss, »jetzt endlich mal auf den Putz zu hauen«. Eine andere schrieb während jeder Chemo an einer Liste der Dinge, die sie unbedingt noch erleben wollte. Einige haben das Gefühl, sich von Ballast befreien zu müssen, von Dingen, aber auch Menschen, die sie belasten, ihnen nicht guttun.

Meine Beziehungen haben sich in dieser Zeit ebenfalls gewandelt: Einige sind noch enger geworden, von anderen Menschen habe ich mich verabschiedet. Ich habe gemerkt, auf wen ich zählen kann und wer nur zum »Gut-Wetter«-Freund taugt. Manche tauchten einfach ab und meldeten sich erst wieder, als alles »ausgestanden« war. Sie wussten vielleicht nicht, was sie mir sagen, wie sie mit der Situation umgehen sollten. Ich halte ihnen das nicht vor, aber Freundschaft ist das für mich nicht. Andere, von denen ich es gar nicht erwartet hätte, waren plötzlich da. Riefen zwischendurch einfach mal an, schickten Blumen, brachten Bücher vorbei, passten auf meinen Jüngsten auf, fragten und hörten mir vor allem zu.

Durch diese Erfahrungen weiß auch ich heute besser,

was Menschen in einer schweren Krisensituation bewegt, kann viel besser verstehen, was sie brauchen, weil ich selbst erlebt habe, wie es sich anfühlt, wenn alles aus den Angeln gehoben wird. Ratschläge und aufmunternde Sprüche wie »Kopf hoch!« oder »Das schaffst du schon« sind zwar gut gemeint, aber sie nehmen den Kranken in seiner Verzweiflung nicht wirklich ernst. Mich hat es manchmal geradezu wütend gemacht, wenn mich andere mit Tipps und wohlmeinenden Empfehlungen überhäuften. Dabei hätte mir schon geholfen, einfach in den Arm genommen zu werden oder ein kleines Briefchen in der Post zu finden mit dem Hinweis: »Ich bin da, wenn du reden willst.« Das ist eine wichtige Botschaft, weil sie dem Betroffenen Raum gibt, ihn nicht unter Druck setzt. Denn jemand, der eine schwere Krise durchlebt, ist nicht in jeder Situation und zu jeder Zeit gesprächsbereit und in der Lage, sich zu öffnen.

Mit Todkranken oder Sterbenden ist es nicht viel anders. Sätze wie »Das wird schon wieder«, »Mach dir keine Sorgen« oder »Du musst einfach positiv denken!« sind meist kein Trost. Sie können dem Betroffenen eher das Gefühl vermitteln, nicht verstanden zu werden. Umgekehrt fühlt mancher sich in seinem Bemühen um Unterstützung und seiner Anteilnahme zurückgewiesen. Manchmal sendet der Kranke auch missverständliche Signale aus, versteckt sich vielleicht hinter einer Fassade aus Stärke und Zuversicht und kann gar nicht zeigen, wie zerbrechlich und verletzlich er gerade ist. Deshalb gibt es in solchen Situationen kein »richtig« oder »falsch«. Da braucht es Mut, auf beiden Seiten, die Hand zu reichen und manchmal, ganz ohne Worte, einfach nur da zu sein.

Ich habe gelernt, wie wichtig es ist, mit Menschen

am Ende ihres Lebens über die Dinge zu reden, die sie tatsächlich bewegen. Und dass man die Entscheidung über den richtigen Zeitpunkt dem Sterbenden selbst überlassen sollte. Oft habe ich meinem Vater in der letzten Phase seiner Krebserkrankung angeboten, zu reden, weil ich selbst das Bedürfnis danach hatte. Häufig aber blockte er ab und erzählte mir stattdessen, was er gerade las. Manchmal hat mich das frustriert. Als es ihm dann schlechter ging und ich das Thema Tod lieber gemieden hätte, da forderte er mich plötzlich. Und das waren die besten Gespräche, die wir je hatten.

»Man sollte einen Sterbenden immer da abholen, wo er ist«, sagt auch die Hospizleiterin Barbara Schoppmann. »Wenn er oder sie äußert: ›Ich habe wohl nicht mehr lange zu leben‹, dann ist das die Einladung, über all das zu reden, was einem wichtig ist, offen und achtsam zu sein.« Man kann vielleicht sagen, was er oder sie einem bedeutet. Man kann an das erinnern, was besonders gut und schön war, und den Sterbenden entlasten, indem man ihm sagt, dass alles, was vielleicht nicht gut war, vergeben und vergessen ist. »Ist alles gut zwischen uns?«, hat mein Vater mich in den letzten Tagen vor seinem Tod immer wieder gefragt. Und ich konnte ihn beruhigen: Ja, alles war gut zwischen uns.

Manchmal befindet sich der Mensch, der dem Tod entgegengeht, aber auch gerade in einem Zustand der Leugnung und Verdrängung. Es bringt nichts, daran von außen etwas ändern zu wollen. Vielleicht ist diese sicher unbewusste Strategie für den Betroffenen die einzige Möglichkeit, um die Angst unter Kontrolle zu halten.

In den letzten Monaten vor seinem Tod hatten wir mit meinem Vater mehrfach darüber gesprochen, er solle zu uns ziehen, damit er uns immer in Rufweite hätte und auch nachts versorgt wäre. Er hatte sich aber bis zuletzt dagegen gewehrt, seine Unabhängigkeit nicht aufgeben wollen. Kurz vor seinem Tod, als er bereits im Krankenhaus lag und allen klar war, dass es zu Ende ging, da gab es ein, zwei Tage, in denen er auf einmal anfing, über den Umzug nachzudenken. Was mit seinen vielen Büchern passieren sollte, für die bei uns gar nicht genug Platz sei, und ob es vielleicht nötig würde, einen Treppenlift zu installieren, wenn er alleine nicht mehr ins obere Stockwerk käme. Die Situation war absurd, und ich wusste erst gar nicht, was ich dazu sagen sollte. Woher kam plötzlich dieser völlige Realitätsverlust? Aber dann verstand ich, dass er in diesem Moment seine ausweglose Situation gegen eine freundliche Phantasie tauschte, in der er vorübergehend offenbar Trost und Frieden fand, bevor er sich der Realität endgültig stellen konnte.

Und noch etwas habe ich am Sterbebett meines Vaters gelernt: Kurz vor dem Ende ziehen sich Sterbende in sich zurück. Er war zwar noch bei Bewusstsein, aber die Außenwelt hatte jede Bedeutung für ihn verloren. Die Zeitung, die er früher stundenlang gelesen hatte, interessierte ihn nicht mehr. Keine Politik, kein Sport, nicht der Patient im Bett nebenan. Er hatte sein Leben abgeschlossen, hatte sich von allen verabschiedet, die ihm nahestanden, und ihnen gesagt, was ihm wichtig war. Irgendwann wollte er einfach nur noch meine Hand halten und wissen, dass alles gut ist.

Ich weiß, dass sich in diesen letzten Tagen seine ganze Welt aufgelöst hat, dass er alles loslassen musste, was ihm jemals lieb und wert gewesen war, zuletzt seinen Körper, sein eigenes Ich. Es ist ein alles umfassender, überwältigender Verlust, die Summe aller Verluste, die man jemals im Leben ertragen musste. Die letzten Stunden, die ich bei ihm verbracht habe, gehören zu den kostbarsten meines Lebens, Lehrstunden von unschätzbarem Wert. Als ich am Bett meines sterbenden Vaters saß, wusste ich: Diesen Weg wirst du auch gehen müssen. Seine Unerschrockenheit im Angesicht des Todes macht mir heute noch jedes Mal Mut, wenn ich an mein eigenes Sterben denke.

Die Zeit, die ich ihn begleiten durfte, hat aber nicht nur meine Gedanken an Tod und Sterben, sondern auch den Blick auf das Leben verändert, ihn auf das für mich Wesentliche gelenkt. Es war die Gelegenheit, mit mir und meinen eigenen Wünschen und Vorstellungen auf Tuchfühlung zu gehen.

## Das »Konzentrat von Leben«

Lehre uns bedenken, dass wir sterben müssen,
auf dass wir klug werden.
Psalm 90, 12

Jeder von uns hat im Laufe seines Lebens Tausende von Toten gesehen: in Filmen, Krimiserien, in den Fernsehnachrichten. Wir erinnern uns an die Schattengestalten, die am 11. September 2001 aus den Türmen des World Trade Centers fielen, und wussten: Das sind Menschen, die stürzen in diesem Augenblick in den sicheren Tod. Wir waren entsetzt und schockiert, aber haben wir ihr Sterben tatsächlich als wahr, als echt empfunden? Oder die Opfer der Tsunami-Katastrophen 2004 im Indischen Ozean und 2011 in Japan. Wir alle haben die Bilder dieser gewaltigen Flutwellen vor Augen, haben gesehen, wie Häuser und fahrende Autos mitgerissen wurden, und uns war klar: In diesen Häusern, in diesen Autos befinden sich Menschen, und sie haben keine Chance, zu entkommen. Auf manchen Videos haben wir Schreie und Rufen gehört, es war ein Horror. Aber dann haben wir uns wieder unserem Alltag zugewendet, haben gekocht, die Blumen gegossen, sind gejoggt – das Leben ging weiter, die Welt blieb nicht stehen.

Die Welt bleibt nie stehen, das Leben geht über alles hinweg. Es sei denn, wir sind direkt, ganz unmittelbar betroffen, der Tod geht uns an. Dann verdichtet sich plötzlich unser Erleben, dann empfinden wir, als stünde im Moment des Todes für einen Augenblick die Zeit still. Und im Mittelpunkt des Universums gibt es für ein paar Augenblicke nur diesen Menschen, der gerade gegangen ist.

Nach dem Tod ihres Kindes war meine Freundin Ursula in die Stadt gefahren, um einen schwarzen Mantel für die Beerdigung zu kaufen. Wie unsichtbar war sie durch die Straßen gelaufen, so als gäbe es sie gar nicht, nicht ihre Trauer, nicht diese Katastrophe, die ihr widerfahren war. Alles ging seinen unbeirrten Gang, die Welt drehte sich weiter. »Ich kam mir vor wie in einem Film«, beschreibt sie dieses Gefühl, nirgendwohin zu gehören, wie eine Zuschauerin auf dieses geschäftige Treiben zu schauen, in ihrer Verzweiflung ganz allein zu sein.

Wäre damals nicht noch ihr Sohn Marco gewesen, hätte Ursula vielleicht aufgegeben. Sie hatte das Schlimmste erlebt, das Eltern widerfahren kann. Am zweiten Weihnachtsfeiertag 2000 starb ihr Sohn. Julian war sechs Jahre alt. Er war gerade in die Schule gekommen, ein fröhliches, manchmal fast ungestümes

Kind voller Lebensfreude. Trotz oder vielleicht gerade wegen seiner Behinderung. Eine Stoffwechselkrankheit vermutlich, genau haben die Ärzte das nie feststellen können. Dass ihr Kind anders war als andere, das fanden die Eltern heraus, als Julian ein knappes Jahr alt war. Und als die Ärzte ihre Vermutung bestätigten, da hat diese neue Realität erst einmal alles ins Wanken gebracht. Sie schöpften wieder Hoffnung, als der Junge ganz allmählich zu sprechen begann und irgendwann sogar seine ersten vorsichtigen Schritte machte. Später, viel später als andere zwar, aber für die Familie waren solche Tage Freudentage, die Zuversicht gewann an Boden. »Irgendwie haben wir geglaubt, dass das schon wird«, erzählt Ursula. Sie und ihr Mann taten alles, um ihr Kind in seiner Entwicklung zu unterstützen, mit Therapien und Fördermaßnahmen, mit Spiel und unendlich viel Zuwendung. Dann kam ein Weihnachtsfest, an dem scheinbar alles zunichtegemacht wurde. Julian, damals vier, hatte einen schweren epileptischen Anfall. Danach konnte er nur noch den Kopf drehen, ein permanentes Zucken verkrampfte seine gesamte Muskulatur, er konnte noch ein bisschen sprechen, aber nur die Familie hat noch verstanden, was er sagen wollte. »Der Kopf war nach wie vor klar, er hat alles kapiert, alles mitbekommen – und er hat immer noch gelacht.« Wenn Ursula daran denkt, ist sie immer noch voller Staunen, wie ihr Kind das alles ertragen hat, ohne sich aufzugeben. Wie er sich der Welt immer noch voll Begeisterung und Neugier zuwandte. Aber nach diesem Weihnachten ging es ihm stetig schlechter, er wurde schwächer und schwächer. Im Kinderneurologischen Zentrum nahm ein Arzt Ursula eines Tages zur Seite: »Er hat mir klipp und klar gesagt, was auf uns zukommen würde, und zwar schon bald. Er war der Erste, der ganz ehrlich mit uns war. Ich war so dankbar, dass endlich einer Tacheles mit mir geredet hat. Die anderen Ärzte hatten immer hinterm Berg gehalten. Aber ich wollte endlich wissen, was uns erwartet, ich wollte die Wahrheit«, erzählt Ursula. Dieses Gespräch stürzte sie einerseits in tiefe Verzweiflung, gab ihr gleichzeitig aber auch die Möglichkeit, sich innerlich zu wappnen. Sie erfuhr, dass ihr Sohn nicht an seiner Behinderung sterben würde, sondern vermutlich an irgendeinem Infekt. Sein kleiner, geschwächter Körper würde es irgendwann nicht mehr schaffen. Das war ein halbes Jahr vor Julians Tod.

Dann kam Weihnachten – und wieder einmal war Julian krank, wie schon so häufig in den letzten Monaten. Wieder einmal sah es so aus, als würde die Familie die Feiertage im Krankenhaus verbringen. Aber dann schien es, als sei der Infekt doch beherrschbar, Julian blieb zu Hause. Im Laufe des 26. Dezember allerdings verschlechterte sich sein Zustand. Gemeinsam mit der Kinderärztin beschlossen die Eltern, ihn nicht ins Krankenhaus zu bringen, sondern bis zum nächsten Morgen zu warten – sicher würden die Medikamente greifen. Gegen 16 Uhr schien das Antibiotikum, das Julian bekommen hatte, auch tatsächlich zu wirken. »Er hat mich ganz klar und direkt angeschaut, war plötzlich hellwach – da habe ich gedacht, wir hätten es geschafft.« Das Kind lag im Wohnzimmer auf dem Sofa, den Blick auf den Adventskranz mit den brennenden Kerzen gerichtet, ruhig und zufrieden. Um halb fünf machte er noch einen tiefen langen Schnaufer, dann war Julian tot.

»Die Situation war so unwirklich. Wie in Zeitlupe«, erzählt seine Mutter. »Wir haben versucht, ihn wiederzubeleben, mein Mann hat den Notarzt angerufen, wir haben reanimiert, bis der Rettungswagen kam. Eine Stunde haben sie noch um Julians Leben gekämpft, aber er kam nicht mehr zurück. Ich war wie in einem Strudel, ohne jedes Gefühl.« Und der achtjährige Marco mittendrin, für ihn hatte in diesem Augenblick niemand Zeit.

Die Nacht hat die Familie bei Julian auf Matratzen im Wohnzimmer verbracht. Er sollte nicht alleine sein. Irgendwann in den frühen Morgenstunden waren sie erschöpft eingeschlafen. Dann kam das schreckliche Erwachen. »Das war das Schlimmste, als ich morgens wach wurde und begriffen habe: Julian ist tot.«

Dieser Einschnitt habe ihr Leben von Grund auf verändert, sagt Ursula heute. Anfangs war sie völlig taub, wie gelähmt, eigentlich lebensunfähig. Für nichts hatte sie Kraft, nur Schuldgefühle, schreckliche Schuldgefühle: Warum war sie nicht gleich ins Krankenhaus gefahren? Hätte er dann vielleicht weitergelebt? Die Fragen kreisten permanent in ihrem Kopf, es gab kein Entrinnen.

Lange Zeit war Ursula für ihren Mann und ihren Sohn nicht ansprechbar. Sie war gefangen in ihrer eigenen Welt, in der es nur noch Verzweiflung gab. Und sie hatte plötzlich so viel Zeit. Keine Therapien mehr, keine Arztbesuche, nicht mehr dieses ständige Kümmern um ihr schwerkrankes Kind. Diese Leere machte ihr Angst. Es dauerte, bis sie erkannte, dass sich dadurch neue Räume auftaten. Nun konnte sie Dinge tun, an die so lange gar nicht zu denken gewesen war. Sie fing an zu reiten, lernte Englisch, ging in eine Gruppe für trauernde Eltern und las, las, las, was sie zum Thema Tod und Sterben, Abschied und Loslassen überhaupt nur finden konnte.

»Ich bin ganz langsam wieder aufgewacht«, beschreibt sie die Veränderung. Der furchtbare Schicksalsschlag, der ihr zuerst jeden Lebensmut genommen hatte, wurde zum Auslöser einer neuen, unbändigen Lebenslust. Julians Tod war im Nachhinein wie ein Impulsgeber dafür, scheinbar alltägliche Dinge mehr wertzuschätzen, die Zeit nicht achtlos vorbeirauschen zu lassen, neue Prioritäten zu setzen – und sich mit der Endlichkeit ihres eigenen Lebens auseinanderzusetzen. »Ich sehe mein Leben heute anders, klarer. Auch mein eigenes Sterben und meinen Tod, irgendwann. Natürlich hebt man die alten Muster nicht endgültig auf, natürlich denke ich nicht jeden Tag daran, dass ich morgen sterben könnte. Aber: Ich freue mich, wenn ich morgens aufwache, auf jeden neuen Tag, darauf, etwas daraus zu machen, etwas anzufangen, auszuprobieren.« Einmal in der Woche geht sie zu den Kindern in der Körperbehindertenschule, auf der auch Julian war, und jedes Mal wird ihr klar, wie froh und dankbar sie sein kann, dass es ihr gutgeht, dass sie laufen kann, frei ist zu entscheiden, was sie tun will. Es gibt Menschen wie Julian, die das nicht können und die trotzdem fröhlich sind. Deshalb hat Ursula beschlossen, dass ihr ihre Zeit zu schade ist, um sie schlecht gelaunt zu verbringen. Einen Moment hält sie inne, überlegt kurz und sagt dann: »Weißt du, ich fühle heute eine große Kraft in mir. Vor vielen Dingen habe ich keine Angst mehr, auch nicht vor dem Tod. Der Tod wird für mich ein Heimkommen sein – ein Heimkommen auch zu Julian.«

*

Wir erleben das Sterben und den Tod eines nahen Menschen natürlich als dramatischen Verlust, als traurigen, verstörenden, leidvollen, manchmal alles erschütternden Einschnitt im Leben. Aber gleichzeitig, das haben mir viele meiner Gesprächspartner beschrieben und das habe ich beim Abschied von meinen Eltern selbst erfahren, entsteht in genau diesen Phasen und Augenblicken eine emotionale Intensität, eine Verdichtung des Lebens, wie man sie sonst nur ganz selten erlebt. Hospizleiterin Barbara Schoppmann spricht von einem »Konzentrat von Leben«.

»Ob ich durch meine Arbeit die Angst vor dem Sterben verloren habe? Im Moment ja«, sagte mir die Frau, die seit 18 Jahren Menschen beim Sterben begleitet. »Ich weiß nicht, wie ich mich fühlen werde, wenn es tatsächlich ernst wird. Aber ich habe fast jeden Tag Gelegenheit, mich auf diesen Weg vorzubereiten. Es mag schwülstig klingen«, erklärt sie vorsichtig, »aber ich glaube, die Sterbenden haben mich schon gelehrt, die Augen offen zu halten, das zu pflegen, worauf ich am Ende vertrauen kann, was mich stützen, halten und auffangen wird – meine Familie und mein Glauben, beispielsweise.« Für sie ist es ein Geschenk, in ihrer Arbeit mit Wesentlichem zu tun zu haben, wirklich gebraucht zu werden.

Wie viele Menschen, die in diesem Bereich arbeiten, empfindet Barbara Schoppmann die Begegnung mit Sterben und Tod nicht als düster oder niederdrückend, sondern als eine existentielle Erfahrung, aus der irgendwann Hoffnung und Freude, Liebe, Dankbarkeit und Lebensweisheit wachsen kann.

Immer noch und immer wieder lernt auch die Palliativärztin Christine Schiessl von ihren Patienten. So ist ihr der Satz eines Mannes noch im Ohr, der ihr sagte: »Das Schlimmste ist gar nicht, dass ich sterben muss, sondern dass ich bisher noch gar nicht gelebt habe.« Diese Neubewertung des eigenen Lebens im Angesicht des Todes, die manchmal zu großer Enttäuschung über sich selbst führt, ist für die Medizinerin Ansporn und Auftrag zugleich, das Leben auszukosten und noch ganz viel auszuprobieren. Sie sei durch ihre Arbeit lebensfroher geworden, sagt Christine Schiessl.

Genau wie Hospizmitarbeiterin Barbara Schoppmann hat sie festgestellt, dass die Begegnung mit dem Tod vieles relativiert. Materielle Dinge seien ihr nicht mehr so wichtig. Stattdessen seien Fragen in den Vordergrund getreten, die sie selbst in ihrer persönlichen Entwicklung weitergebracht hätten: Warum bin ich eigentlich auf der Welt? Wer ist dankbar und froh, dass es mich gibt? Was tröstet mich? Wer fängt mich auf?

Trotzdem bleibt auch für sie der Tod eine Herausforderung, etwas Unfassbares, etwas, das manchmal Angst macht. Obwohl sie ihn fast täglich erleben, obwohl er ein ständiger Begleiter für sie geworden ist. »Wer wie wir ständig mit Tod und Sterben konfrontiert ist, der muss damit umzugehen lernen«, erklärt Christine Schiessl und verwendet ein Bild, das ihr eine ihrer Studentinnen einmal an die Hand gegeben hat: »Dann packe ich das alles in eine Schublade, und die mache ich ganz bewusst auf oder zu, denn ich glaube nicht, dass wir in der Lage sind, im ständigen Bewusstsein unseres Todes zu leben.« Als Feind allerdings sieht sie den Tod keineswegs: »Das wäre dumm, denn Feind bedeutet Kampf – und diesen Kampf würde ich immer verlieren.« Denn auf der Palliativstation wird, wie im Hospiz, gestorben, immer, fast jeden Tag. Wenn man sich der eigenen Sterblichkeit aber hin und wieder stellt, sich der Endlichkeit bewusst wird, kann er uns viel über den Wert des Lebens lehren.

Irgendwo habe ich einmal einen Satz gelesen, der das gut auf den Punkt bringt: »Die Lebenden schließen den Toten die Augen, die Toten öffnen sie den Lebenden.« Und tatsächlich: Wenn wir durch andere mit dem Tod Bekanntschaft machen, dann werden wir mit unserer eigenen Sterblichkeit konfrontiert, und das ist furchteinflößend, weckt alle Fluchtinstinkte. Aber es ist auch ein Geschenk, die Chance nämlich, unser letztes Ziel ins Visier zu nehmen. Wenn wir dem Tod nicht mehr aus dem Weg gehen, dann lernen wir, jede Begegnung mit ihm als eine Art Unterricht zu begreifen, dem wir aufmerksam folgen wollen, denn

jeder der geht,
belehrt uns ein wenig
über uns selbst
Kostbarer Unterricht
An den Sterbebetten.
Alle Spiegel so klar
Wie ein See nach großem Regen,
ehe der heutige Tag die Bilder wieder verwischt.
Nur einmal sterben sie für uns,
nie wieder.
Was wüssten wir je ohne sie?
Ohne die sicheren Waagen, auf die wir gelegt sind,
wenn wir verlassen werden.
Die Waagen, ohne die nichts sein Gewicht hat.
Wir, deren Worte sich verfehlen,
wir vergessen es.
Und sie?

Sie können die Lehre nicht wiederholen.
Dein Tod oder meiner
Der nächste Unterricht?
So hell, so deutlich,
dass es gleich dunkel wird.

Hilde Domin, *Unterricht*

# Das Sterben lernen

Wir können aus jedem Augenblick eine Gelegenheit machen, uns zu ändern und uns – mit friedvollem Geist und offenem Herzen – sorgfältig auf den Tod und die Ewigkeit vorzubereiten.
Sogyal Rinpoche

Ich kann mich noch sehr genau an dieses unglaubliche Gefühl erinnern, damals, als ich den süßen Winzling das erste Mal in den Armen gehalten habe. »Nichts und niemand wird uns je trennen können«, dachte ich. Dabei fing es eigentlich gleich nach der Geburt an – das Abnabeln. Ein Schnitt, und die Nabelschnur war durch. Eine weitere Trennung kam mit Beginn der Kindergartenzeit. Wir litten beide schrecklich, als mein Sohn am ersten Tag die Ärmchen um meinen Hals schlang und schluchzte: »Mama, ich will immer bei dir bleiben!« Davon allerdings will er heute nichts mehr wissen, und das änderte sich schon, als mit Schulbeginn plötzlich eine fremde Frau in unser Leben trat: die Klassenlehrerin. Mein Sohn betete sie an, was sie sagte war Gesetz. Mit 16 ging der Junge ein Jahr ins Ausland, irgendwann zog er aus, und heute lebt er sein eigenes Leben, so wie meine beiden anderen Kinder auch. Das Leben mit ihnen war begleitet von vielen kleinen und größeren Abschieden. Jedes Mal hat es weh getan und jedes Mal wusste ich, dass es wichtig war, sie gehenzulassen. Erst durch meine eigenen Kinder habe ich begriffen, wie schwer das für meine Eltern oft gewesen sein muss und dass das Loslassen zu den wichtigsten Übungen des Lebens zählt – bis ganz zum Schluss, wenn wir alles loslassen müssen.

Wir erleben im Laufe unseres Lebens immer wieder Trennungen und Verluste, müssen etwas oder jemanden gehen lassen. Jede dieser Erfahrungen ist wie ein kleiner Tod. Es sind schwierige Augenblicke im Leben, aber Lehrstunden, die uns vorbereiten, auch auf das, was uns bei unserem letzten Abschied erwartet.

Unsere Erfahrungswelt ist das Leben. Wir können nicht wissen, wie es ist, zu sterben oder tot zu sein. Und bis zuletzt wird der Tod für uns fremd und unfassbar bleiben. Aber wir können uns auf ihn vorbereiten, ihn üben und uns an Montaigne halten, der empfiehlt: »Nehmen wir ihm seine Unheimlichkeit, machen wir uns ihn vertraut, halten wir mit ihm Umgang, bedenken wir nichts so häufig wie den Tod.«[8]

Und Gelegenheit dazu bietet sich mehr, als wir denken – jeden Tag.

## Kleine Schritte

Wir üben heute schon den Tod von morgen.
Nelly Sachs

Üben, üben, üben – das ist das Geheimnis des Erfolgs, behaupten Wissenschaftler und Karriere-Coaches. Tatsächlich belegen Untersuchungen, dass Talent allein nicht ausschlaggebend dafür ist, was man erreicht, sondern die Beharrlichkeit, Geduld und Hingabe, mit der man sein Ziel verfolgt. Das ist eine große Erleichterung, denn wirkliches Talent zum Sterben hat wohl keiner von uns. Bleibt also das, was fürs Beherrschen eines Musikinstruments, zum Erreichen sportlicher Höchstleistungen, beim Schach oder Erlernen einer Fremdsprache gilt: üben!

Kein Neuling am Klavier fängt mit Rachmaninows Klavierkonzert Nr. 3 an, keiner backt zur Premiere eine dreistöckige Sahnetorte oder versucht einen Flickflack, bevor er nicht einmal sicher den Handstand geschafft hat. Genauso ist es mit dem Tod. Man sollte sich ihm behutsam und langsam nähern, Schritt für Schritt.

Aber wie, bitte schön, soll man das Sterben üben?

Getreu dem Motto: »Je größer die Aufgabe, desto kleiner die Schritte!«, fangen wir damit an, genauer auf unser Leben zu schauen, innezuhalten, den Wert des Augenblicks zu erfassen. Und das ist gar nicht so einfach, denn wir bewegen uns manchmal durch die Welt, ohne zu bemerken, was um uns herum geschieht. Wir alle kennen das Gefühl, zu Hause loszufahren und plötzlich an unserem Ziel anzukommen, ohne wirklich zu wissen, wie wir da hingelangt sind. Wir sind oft einfach nicht bei der Sache, abgelenkt von unseren Gedanken oder vom Geplärr im Radio. Ablenkung ist eine ständige Verführung, und selten sind wir in Gedanken da, wo wir in diesem Augenblick tatsächlich, physisch sind.

Ich erinnere mich an einen Cartoon, der eine Frau in den unterschiedlichsten Lebenslagen zeigte: bei der Arbeit, beim Kochen, unterwegs mit den Kindern oder im Bett. Und immer sah man über ihrem Kopf eine Gedankenwolke schweben, die sie anderswo zeigte. Sie konnte nicht mit den Kindern spielen, ohne in Gedanken eine Einkaufsliste zu erstellen, dachte beim Einkaufen an ein entspanntes Abendessen bei Kerzenschein und im Kerzenschein an die Berge von Unterlagen, die sich auf ihrem Schreibtisch türmten.

Wir haben verlernt, im Augenblick zu sein, das wahrzunehmen, was jetzt gerade ist. Dabei, wir erinnern uns an Tolstoi, ist der wichtigste Moment im Leben doch genau der im Hier und Jetzt. Die Meditation kann eine gute Übung sein, das ständige Herumfliegen unserer Gedanken zu stoppen, das unablässige »Geschwätz im Kopf« auszuschalten. Für Christen ist Meditation die Andacht im Gebet. Für Buddhisten ist es eine spirituelle Praxis, die sie täglich üben. Meditation heißt, den zerstreuten Geist »heimzubringen«, sagt der tibetische Meditationsmeister Sogyal Rinpoche und erzählt die Geschichte einer alten Frau, die zu Buddha kam und ihn fragte, wie sie meditieren solle. »Er wies sie an, sich jeder Bewegung ihrer Hände bewusst zu sein, wenn sie Wasser aus dem Brunnen schöpfte, denn er wusste: wenn sie darauf achten würde, wäre sie bald in jenem Zustand wacher und weit offener Ruhe, der Meditation ist.«[9] Ich kenne eine ganze Reihe von Menschen, für die diese Form der Kontemplation fester Bestandteil ihres Alltags ist und die in Krisensituationen in diesen Momenten der Sammlung und inneren Einkehr Ruhe und Kraft gefunden haben. Ich habe es während meiner Krankheit auch mit dem Meditieren versucht, während der Chemotherapie, um durchzuhalten – ich bin damit gescheitert. Aber nicht jede Methode, jede Strategie passt für jeden. Auch hier muss jeder seinen eigenen Weg finden, der für ihn tatsächlich gangbar ist.

Während für den einen also die Meditation eine Hilfe sein kann, das Innehalten und Beobachten zu üben, wird für andere die Natur zum Lehrmeister. Hier erleben wir, wie Pflanzen im Frühjahr aus dem Boden kriechen, wie Bäume und Büsche Blätter und Blüten treiben, wie sie wachsen, aufblühen und verwelken. Für Ursula war die Natur eine Art Leitfaden, um mit ihren Kindern über das Thema Tod und Sterben zu sprechen. Wenn eine Pflanze zu welken begann oder eine Blüte plötzlich abfiel, wenn ein kleines Vögelchen aus dem Nest gefallen und gestorben war, waren das immer Anlässe, darüber zu reden, dass alles Lebendige vergeht, aber auch darüber, dass der kleine Krokus im nächsten Frühjahr wiederkommt, dass immer Neues entsteht und alles ein immerwährender Kreislauf ist. Das gilt nicht nur in der Natur, das gilt für vieles, eigentlich alles im Leben: Nur wo etwas zu Ende geht, kann Neues entstehen. Nur wenn ich etwas los- und zurücklasse, habe ich die Hände frei, mein Leben in die Hand zu nehmen. Oder, wie es in Hermann Hesses Gedicht »Stufen« heißt:

> Wie jede Blüte welkt und jede Jugend
> Dem Alter weicht, blüht jede Lebensstufe,
> Blüht jede Weisheit auch und jede Tugend
> Zu ihrer Zeit und darf nicht ewig dauern.
> Es muss das Herz bei jedem Lebensrufe
> Bereit zum Abschied sein und Neubeginne …

*

In etlichen Interviews haben mir Abenteurer, Gipfelstürmer oder Weltumsegler unabhängig von einander immer wieder von diesem ganz besonderen Gefühl erzählt, das einen erfasst, wenn man auf dem Gipfel eines Berges steht oder über das offene Meer blickt. Sie sprachen von Ehrfurcht und Ergriffenheit angesichts der Weite und

Unendlichkeit der Natur und berichteten, wie winzig klein und unbedeutend man sich dann fühlt. Sie hätten dadurch gelernt, sich selbst nicht mehr so furchtbar wichtig zu nehmen. Einer sagte mir, er sehe sich heute als kleinen Teil des großen Ganzen und sei in solchen Momenten Gott ganz nah gewesen.

Aber man muss nicht den Mount Everest besteigen oder mit einer Karawane durch die Wüste Gobi ziehen, um solche Erlebnisse zu haben. Ich liebe es zum Beispiel, am Meer spazieren zu gehen und Steine zu sammeln. Ich habe sie als Souvenirs schon um die halbe Welt geschleppt und muss jedes Mal, wenn ich diese geäderten oder bunt gesprenkelten Kiesel in der Hand halte, darüber nachdenken, wie lange sie wohl schon auf dieser Erde sind und was sie im Laufe von Jahrtausenden »erlebt« haben. Ich habe sogar einen Stein vom Grund des Meeres, ein Studiogast brachte ihn mir von seiner Expedition auf der »Polarstern« mit. Monate war er mit dem Forschungsschiff in der Arktis unterwegs gewesen und hatte Gestein aus dem Erdmantel herausgebohrt, unter anderem auch »meinen« Stein, der über 10 Millionen Jahre alt sein soll. Er liegt auf meinem Schreibtisch, und ich erschauere jedes Mal ein bisschen, wenn ich ihn anschaue, diesen Botschafter aus unserer Erdgeschichte. Und das gibt mir ein Gefühl für meine eigene Endlichkeit und gleichzeitig für die Ewigkeit der Natur.

Beeindruckend ist es auch, an einem ruhigen, dunklen Ort in den Himmel zu schauen, den Großen Wagen oder den Orion zu suchen, das Licht von Sternen zu sehen, die vielleicht längst schon verglüht sind. Sich in den Weiten des Weltalls zu verlieren und zu versuchen, sich klarzumachen, dass es nirgendwo endet.

Mein Vater erzählte in den Monaten vor seinem Tod

häufig nach einer unruhigen, mit Schmerzen verbrachten Nacht, er habe bei klarem Himmel den Morgenstern gesehen, dieses hellste Gestirn am Firmament vor Sonnenaufgang, die Venus. Er freute sich darüber jedes Mal so sehr, dass ich glaube, er sah das fast als ein Zeichen, als etwas von beinahe symbolischer Bedeutung. Im Neuen Testament wird Jesus übrigens als »Morgenstern« bezeichnet (Offenbarung 22, 16). Sein helles Strahlen wird als Trost beschrieben, als ein »Licht, das da scheint an einem dunklen Ort, bis der Tag anbreche und der Morgenstern aufgehe in euren Herzen« (2 Petrus 1, 19). Und auch in einem Kirchenlied von Jochen Klepper heißt es: »Die Nacht ist vorgedrungen, der Tag ist nicht mehr fern. So sei nun Lob gesungen dem hellen Morgenstern.«

Für meinen Vater war dieses Licht in den finstersten Stunden seiner Krankheit vielleicht so etwas wie ein Versprechen, etwas, das ihm Hoffnung gab. Eines Tages, nachdem er länger nicht mehr davon gesprochen hatte, fragte ich ihn: »Und, was macht der Morgenstern?« Da wurde er ganz traurig: »Ich sehe ihn nicht mehr.« Wenige Wochen später ist er gestorben. Mir hat das damals keine Ruhe gelassen. Wo war der Morgenstern geblieben? Die Antwort ist einfach: Nach sieben Monaten verschwindet die Venus für drei Monate hinter der Sonne und ist unsichtbar, danach wird sie zum Abendstern, und dann beginnt der Zyklus von neuem.

*

Wenn man genau beobachtet und in sich hineinhört, dann findet jeder das für ihn passende Übungsfeld, um sich an die Grundfragen des Lebens und des Sterbens heranzutasten. Der eine geht gern ins Kino und wird dort viel Stoff zum Nachdenken finden. Filme bieten einen emotionalen Zugang zu Themen wie Abschied und Verlust, und sie geben uns gleichzeitig die Möglichkeit, uns selbst und unser Handeln zu hinterfragen: Wie hätte ich mich in dieser oder jener Situation verhalten? Was würde ich unbedingt noch tun oder sehen wollen, bevor ich sterbe? Wen möchte ich am Ende bei mir haben?

Für andere stellen Kunst oder Musik eine Verbindung zu Tod und Sterben her. »Der Tod hält mich wach«, hat der Künstler Joseph Beuys einmal gesagt, und auch für den Betrachter kann ein Bild, eine Skulptur zur Auseinandersetzung mit der eigenen Vergänglichkeit führen und zur Beschäftigung mit dem Tod, der uns mal als düstere Bedrohung entgegentritt, dann wieder als tröstlicher Gefährte. In ihrer eigenen, intuitiven Bildsprache kann uns die Kunst an fremde, unbekannte Plätze führen, an den Grund unserer Seele, zu unseren Hoffnungen, Wünschen und der Angst, die auch Michelangelo oder Andy Warhol kannten.

Wer an der Decke der Sixtinischen Kapelle die »Erschaffung Adams« betrachtet, dieses berühmte Bild, auf dem Gott über seinen ausgestreckten Finger den ersten Menschen zum Leben erweckt, der wird den »göttlichen Funken« nicht nur sehen, sondern ihn vielleicht auch selber spüren. Oder die Verzweiflung und Trauer einer Mutter über den im Krieg gefallenen Sohn in Käthe Kollwitz' Holzschnittreihe »Krieg«. Ihr Sohn Peter war im Ersten Weltkrieg, ihr Enkel im Zweiten getötet worden. Der Tod war in ihrem Werk ein durchgängiges Thema, das sie bis zuletzt auch mit Blick auf ihr eigenes Sterben beschäftigte. Zuletzt hat sie ihm einen ganzen Zyklus gewidmet.

Einen ähnlichen Zugang zu unseren oft versteckten und verdrängten Gefühlen im Umgang mit der Endlichkeit unseres Lebens gibt die Musik. Jeder kennt wohl dieses Gefühl, dass ihn ein Stück oder ein Lied in eine ganz bestimmte Stimmung versetzt. Da werden Empfindungen in Töne und manchmal auch in Worte übersetzt, wenn wir gar keinen Ausdruck mehr für das finden, was uns bewegt. In allen Zeiten hat der Tod auch die Musik geprägt. Mozarts Requiem etwa, an dem er noch schrieb, als er starb. Es gehört zum Großartigsten, das je geschaffen wurde, und ist auch eine sehr persönliche Auseinandersetzung mit dem Tod, über den Mozart 1787 in einem Brief an seinen Vater schrieb: »... da der Tod ... der wahre Endzweck unseres Lebens ist, so habe ich mich seit ein paar Jahren mit diesem wahren, besten Freund des Menschen so bekannt gemacht, dass sein Bild nicht allein nichts schreckendes mehr für mich hat, sondern recht viel beruhigendes und tröstendes«.

Wir begegnen dem »wilden Knochenmann« auch in Schuberts Lied »Der Tod und das Mädchen«. Als das Mädchen den Tod anfleht, vorüberzugehen, antwortet der: »Bin Freund und komme nicht zu strafen ... sollst sanft in meinen Armen schlafen.« Der Text von Matthias Claudius geht eine ergreifende Verbindung mit Schuberts Musik ein. Und auch für Bach, der seine erste Frau und drei seiner Kinder verlor, war der Tod ein ständiger Begleiter: »Liebster Gott, wenn wird ich sterben? Meine Zeit läuft immer hin«, heißt es in seiner Kantate Nr. 8 – er stellte damals schon die gleichen Fragen, die uns heute auch bewegen. Selbst in der modernen Popmusik geht es immer wieder um Sterben und Tod. Mich hat zum Beispiel Herbert Grönemeyers Song »Der Weg« durch die dunkle Zeit meiner Krebserkrankung begleitet. Grönemeyer schrieb ihn vier Jahre nach dem Tod seiner Frau. Ihr ist dieses Lied über die Trauer und das Verdrängen gewidmet, über das lange Hadern mit dem Tod, den man am Ende doch akzeptieren muss. Das Tröstliche lag für mich in der Zeile »Ich trage dich bei mir, bis der Vorhang fällt«. Wenn ich sterbe, bleibe ich in den Gedanken, in den Herzen derer, denen ich etwas bedeutet habe, lebendig. Das sind die Spuren, die wir hinterlassen.

Wenn wir uns darauf einlassen, wird jeder von uns sein Musikstück, sein Bild, seine Landschaft finden, die ihm dabei hilft, sich dem Schmerz des Abschieds und Verlusts zu nähern, den Tod zu üben, auch wenn er vermeintlich noch weit weg ist.

*

Für meinen Vater war sein wichtigstes »Übungsfeld« die Literatur, ohne Bücher konnte er nicht sein, sie waren für ihn ein »*Lebens*mittel«. Das war schon so, lange bevor er wusste, dass sein Leben zu Ende ging. Als sein Arzt ihm aber sagte, dass der Krebs wiedergekommen war und metastasiert hatte, dass eine Operation keine Option mehr sei und ihm nur eine Chemotherapie noch ein bisschen Zeit verschaffen könnte, warf er sich mit all seiner verbliebenen Kraft in diesen Wettlauf gegen die Zeit. Er quälte sich durch Chemotherapien, ergab sich geduldig der Schwäche, die ihn nach jeder Infusion befiel, nur um sich danach wieder auf seine Bücher zu stürzen. Zuletzt, als er kaum noch vor die Tür gehen und praktisch nichts mehr unternehmen konnte, da waren sie seine ganze Welt, waren ihm Stütze und Trost und Wegweiser bis ganz zum Schluss.

Er las stundenlang jeden Tag. Alles: Romane, Gedichte, die alten Philosophen. »Philosophieren heißt sterben lernen« heißt es schon bei Platon und später bei Montaigne – und genau damit, glaube ich, hat mein Vater seine letzten Jahren verbracht: Er hat Sterben gelernt. Für uns beide war seine Lektüre auch immer ein Anknüpfungspunkt, um den Gesprächsfaden aufzunehmen. Ich wollte nicht jedes Mal fragen: Wie geht es dir? Wie hast du geschlafen? Was machen die Schmerzen? Und er wollte nicht immer nur über seine Krankheit sprechen, über Medikamente, den nächsten Arztbesuch. Also fragte ich ihn manchmal einfach: »Was liest du grade?« Wenn er mir dann von diesem oder jenem Buch, von Neuentdeckungen oder alten Schätzen erzählte, entspannen sich oft wunderbare Gespräche.

Bücher können uns mit auf Reisen zu den erstaunlichsten Orten nehmen, manchmal zu ganz fernen, ungewöhnlichen und fremden, aber auch zu tief vertrauten Gedanken. Schriftsteller, Dichter und Philosophen haben die Gabe, uns dorthin zu führen und in Worte zu fassen, was eigentlich unfassbar ist. »Es ist die einzige Reise, von der man nicht mit leeren Händen zurückkehrt, die Reise nach innen. Im Innern gibt es keine Grenzen und keinen Zoll, man kann sogar zu den fernsten Sternen gelangen. Oder an Orten spazieren gehen, die nicht mehr existieren, Menschen besuchen, die nicht mehr sind. Sogar Orte aufsuchen, die es nie gegeben hat und vielleicht auch nie geben konnte«,[10] schreibt Amos Oz in *Eine Geschichte von Liebe und Finsternis*, einem der vielen Bücher, die mein Vater mir mit den Worten in die Hand gedrückt hat: »Das MUSST du lesen!«

Zum letzten Lesestoff, den ich ihm mitgebracht habe, gehörte übrigens ein Roman über das Lesen, *Die souve-*

*räne Leserin* von Alan Bennett. Darin wird ein Buch der Queen aus Sicherheitsgründen gesprengt – man hatte es für eine Bombe gehalten. Und dann heißt es: »Ja. Genau das ist es auch. Ein Buch ist ein Sprengsatz, um die Phantasie freizusetzen.«[11]

Bücher sind für mich schon immer wichtige Begleiter gewesen. Meine Eltern haben mir diese besondere Welt erschlossen, in der es so unendlich viel zu entdecken gibt. Zu meinen schönsten Kindheitserinnerungen gehörte der Familienbrauch, in der Vorweihnachtszeit gemeinsam ein Buch zu lesen: Erst waren es Kinderbücher wie *Krabat* von Otfried Preußler oder *Großer Tiger und Christian* von Fritz Mühlenweg, später dann Klassiker wie Dostojewskis *Die Gebrüder Karamasov* und *Große Erwartungen* von Dickens. Wenn ich an diese Abende zurückdenke, dann ist da wieder die besondere Atmosphäre jener Stunden und das herrliche Gefühl, in aufregende, andere Welten einzutauchen und durch die vielen erdachten Figuren und Geschichten Gefühle und Gedanken kennenzulernen, die mir so ganz neu und fremd waren.

Auch ihre Liebe zu Gedichten haben mir meine Eltern mitgegeben. Und die spielten beim Abschied von beiden eine besondere Rolle. Mein Vater hat in ihnen im Zugehen auf den Tod Antworten und Trost gefunden. Sie haben seine Gedanken in den Stunden der Sprachlosigkeit in Worte gefasst: Furcht, Heimsuchung, Lebensbilanz, Auflehnung und wieder Hoffnung. Das alles hat er in den Zeilen derer gefunden, die den gleichen Weg wie er gegangen waren. Es war ihm wichtig, diese »Kraftquelle« an seine Familie weiterzugeben, deshalb wollte er zuletzt seine Lieblingsgedichte zum Thema Leben und Abschied in einem kleinen Büchlein zusammenstellen.

Aber er ist damit nicht mehr fertig geworden. In den letzten Tagen vor seinem Tod hat er mich deshalb gebeten, zusammen mit seiner Schwester dieses Vorhaben für ihn zu Ende zu bringen. Fast bis zum Schluss hat er mir noch Texte diktiert, festgelegt, was unbedingt in dieses Büchlein hinein kommen und was doch besser draußen bleiben sollte. Für meinen Vater war das seine Strategie im Umgang mit Tod und Sterben, eine Art Vermächtnis. Für meine Tante und mich war es die Möglichkeit, ihm auch nach seinem Tod noch ganz nah zu sein.

Im Zusammensein mit meiner Mutter waren Gedichte bis zuletzt eine Art Brücke, um sie in ihrer Welt erreichen zu können. In den zweieinhalb Jahren, die sie vor ihrem Tod in einem Pflegeheim verbrachte, habe ich ihr oft die alten und vertrauten Verse vorgelesen, die sie zum großen Teil – trotz ihrer fortschreitenden Demenz – immer noch mitsprechen konnte. Sie, die sonst oft nach Worten ringen und suchen musste, war glücklich, wenn ihr die Zeilen ohne Stocken und Zögern über die Lippen kamen. Jedes Gedicht, das sie noch auswendig konnte, war ein kleines Stück Vergangenheit, das heil geblieben war. Und das gab ihr Sicherheit und Halt.

Am letzten Abend vor ihrem Tod saß ich an ihrem Bett, und wir sprachen gemeinsam ein Gedicht von Eduard Mörike, ein Gebet:

In ihm sei's begonnen,
der Monde und Sonnen
an blauen Gezelten
des Himmels bewegt.
Du, Vater, du rate!
Lenke du und wende!
Herr, dir in die Hände

Sei Anfang und Ende,
sei alles gelegt.

Das war unser Abschied, nur ahnten wir das beide damals nicht. Sie lächelte, als ich ging, warf mir mit der Hand noch ein Küsschen hinterher. Es war das letzte Mal, dass ich sie lebend gesehen habe. Ihr Tod kam am Ende doch so plötzlich und unerwartet, dass ich nicht bei ihr sein konnte, als sie starb. Es waren nur ein paar Minuten, die ich zu spät gekommen bin, aber ich war zu spät. Zwei Dinge trösten mich heute darüber hinweg: Meine Mutter war nicht allein. Sie starb in den Armen einer jungen Pflegerin, die sie ganz besonders mochte. Und: Wir hatten diesen wunderbaren letzten Moment zusammen. Mörikes Gedicht wird für mich immer ein Teil meiner Erinnerung an unseren letzten Abend sein.

*

Der erste Schritt, den Tod zu üben, ist also das Innehalten, Hinschauen oder Hinhören. Mir helfen dabei die Steine, die auf meinem Schreibtisch liegen, Gedichte, ein Musikstück, Vogelgezwitscher oder ein Hortensienbusch, der im Herbst vertrocknet und mir gleichzeitig das Versprechen gibt, im nächsten Frühjahr wieder zu blühen. Die Fähigkeit, die Schönheit des Augenblickes wahrzunehmen, den Atem der Ewigkeit zu spüren, sollte eine Übung werden, die uns in unserem Alltag begleitet. Und zwar nicht erst, wenn uns ein Warnschuss aufschreckt, die Katastrophe da ist. Sie kann uns lehren, den wahren Wert dessen zu erkennen, das den Moment, uns selbst und unser Leben ausmacht. Sie gibt uns Gelegenheit, uns vorzubereiten.

## Emotionales Aufräumen

Versöhnt euch wieder, bevor es Abend wird.
Brief an die Epheser 4, 26

Die Vorbereitung auf den Tod führt uns im nächsten Schritt aber noch ein Stück weiter. Und das ist etwas, das auch meiner Freundin Ava in der Beschäftigung mit ihrer eigenen Sterblichkeit deutlich wurde: Es ist wichtig, Klarheit in die Beziehungen zu den Menschen zu bringen, die uns am nächsten stehen. In ihrem Fall bedeutet das, ihrem Mann und ihren Kindern all das zu sagen, was unbedingt noch gesagt werden muss – für eine Zukunft ohne sie. Sie hat jedem von ihnen einen Brief geschrieben für die Zeit danach, und seit sie das getan habe, sagt sie, gehe es ihr viel besser.

Tatsächlich ist es neben der Regelung der äußeren, praktischen Umstände mindestens genauso wichtig, seelisch »aufzuräumen« und das Verhältnis zu Familie und Freunden zu klären. Das ist ein Prozess, der nicht nur die betrifft, die gehen, sondern auch jene, die zurückbleiben. Nur wenn Missverständnisse ausgeräumt, Konflikte benannt und Fehler zugegeben sind, ist ein Abschied in Ruhe möglich und können diejenigen, die weiterleben, den Verlust wirklich verwinden und einen Abschluss finden.

In der Endphase eines Lebens liegt die letzte Chance, mit sich und seiner Umgebung ins Reine zu kommen. Das heißt nicht, jetzt noch einmal die Konfrontation zu suchen, sich gegenseitig mit Vorhaltungen zu überhäufen, zum letzten Mal die gesamte schmutzige Wäsche zu waschen. Sondern um Verzeihung zu bitten und zu verzeihen. Vergebung, da sind sich Psychologen und Gläubige einig, ist eine erlösende Kraft. Nach jüdischem und christlichem Glauben soll der Sterbende die Gelegenheit haben, seine Sünden zu bereuen und Gott gegenüber zu bekennen: »So nimm meinen Tod als Sühne an, für alle meine Sünden, die ich getan, für alle Schuld, die auf mir lastet«, heißt es im jüdischen Schuldbekenntnis. Und bei den Katholiken gibt es die Möglichkeit, sich in der Beichte auszusprechen und Absolution zu erhalten. Das gilt auch für die vielleicht schwierigste Aufgabe – nämlich sich selbst zu verzeihen.

Schuldgefühle können nicht nur im Leben, sondern auch im Sterben großes Leid verursachen. Natürlich haben wir alle, wissentlich oder unbewusst, Dinge in unserem Leben falsch gemacht, haben andere gekränkt und verletzt. Niemand kann solche Fehler ungeschehen machen, aber indem man sie benennt, findet man Erleichterung und erkennt den Schmerz und die Kränkung des anderen an. Um Vergebung zu bitten oder zu verzeihen ist keine leichte Übung, vor allem, wenn es um Dinge geht, die einer der Betroffenen für unverzeihlich hält. Aber: Vergebung ist eine Befreiung, nicht nur für den, dem vergeben wird, sondern auch für den, der vergibt. Sie entbindet uns von all dem Zorn, dem Groll und der Verbitterung, die wir empfinden, wenn wir uns ungerecht behandelt und verletzt fühlen. Deshalb ist Vergebung eine der Grundvoraussetzungen, um loslassen zu können. Und Psychologen, Sterbebegleiter und Palliativmediziner halten es für einen besonderen Dienst, Sterbenden dabei zu helfen. Die Phase des Abschieds ist nicht die Zeit für selbstgerechtes Beharren auf den eigenen Standpunkten, sich trotzig an alte Verletzungen zu klammern – es ist vielmehr die letzte Gelegenheit, etwas loszulassen, das auch wir, die zurückbleiben, sonst weiter als Ballast mit uns schleppen.

»Wenn Sie jemanden bemitleidet oder gehasst haben und zur Kenntnis nehmen, dass er verstorben ist: was machen Sie mit Ihrem bisherigen Hass auf seine Person beziehungsweise mit Ihrem Mitleid?«[12], fragt Max Frisch in seinem *Fragebogen* zum Thema Tod. Was wäre unsere Antwort? Was tun wir mit all den ungeklärten Gefühlen, wenn es Klärung nicht mehr geben kann? Wir sollten uns rechtzeitig darüber Gedanken machen.

## Letzte Ziele setzen

> Eigentlich ist alles nichts,
> heute hält's und morgen bricht's,
> hin stirbt alles, ganz geringe
> wird der Wert der ird'schen Dinge;
> doch wie tief herabgestimmt
> auch das Wünschen Abschied nimmt,
> immer klingt es noch daneben:
> Ja, das möchte ich noch erleben.
> Theodor Fontane

Eine weitere Übung in der Vorbereitung auf den Tod ist es, sich Ziele zu setzen. Der Mensch braucht Wünsche, Pläne und Hoffnungen – bis zuletzt. Das gibt uns Kraft, Dinge auszuhalten, die schwer zu ertragen sind, und schafft Zukunft, selbst wenn sie nur noch begrenzten Raum hat, selbst wenn unsere Welt vielleicht schon morgen untergeht. »Wenn ich wüsste, dass morgen die Welt unterginge, würd' ich heute noch ein Apfelbäumchen pflanzen«, soll Martin Luther gesagt haben. Wir brauchen ein Ziel, auch für die letzte Wegstrecke unserer Reise.

Für meinen Vater war eines seiner letzten Ziele, eine Sammlung seiner Lieblingsgedichte fertigzustellen. Eine Aufgabe, die ihn bis zu seinem Tod begleitet hat. In den letzten Monaten und Wochen seiner Krebserkrankung gab sie ihm, trotz aller Schmerzen und der bleiernen Müdigkeit, die Energie, morgens aufzustehen, seinen Freund, den Morgenstern, zu begrüßen und sich an die »Arbeit« zu machen. Er hat jeden Tag seine Frau im Pflegeheim besucht und ihr vorgelesen, er, der früher kaum wusste, wo Töpfe und Pfannen standen, studierte Kochbücher und bestand darauf, sich selbst sein Essen zu bereiten. Mein Vater hat lange Listen von Büchern gemacht, die er unbedingt noch lesen wollte, und bis zuletzt Lotto gespielt. Er muss also noch Träume gehabt haben. Träume, Wünsche, Hoffnungen, Kleinigkeiten vielleicht, die seinem Leben aber Zweck und Struktur gegeben haben.

»Die Zeiten«, wo, wie in Grimms Märchen vom *Froschkönig*, »das Wünschen noch geholfen hat«, sind also auch am Lebensende längst noch nicht vorbei:

Ein Freund, der inzwischen gestorben ist, wollte noch einmal bei Sonnenschein und warmem Wetter eine Motorradtour machen, und er ist tatsächlich auch noch bei strahlendem Wetter mit Freunden auf die Wartburg gefahren. Und auch Ava, der die Ärzte nicht mehr viel Zeit gegeben haben, hat sich die Frage gestellt: Was möchte ich noch erreichen und erleben, bevor ich sterbe? Sie steckte sich zunächst ganz kleine Ziele: Den Tanzstundenball, die Führerscheinprüfung, das Abitur der Kinder wollte sie noch miterleben, wollte sicher sein, dass alle auf eigenen Beinen stehen können und durch ihren

Tod nicht völlig aus der Bahn geworfen werden. Mittlerweile studieren die Kinder, leben selbständig, und die Mutter ist zuversichtlich, dass sie ihren Weg gehen werden und in der Lage sind, Verantwortung für ihre Entscheidungen zu übernehmen. Heute sind Avas Träume schon ein bisschen kühner: Ihren fünfzigsten Geburtstag würde sie gerne noch erreichen, und wer weiß, vielleicht könnte sie eines Tages doch ihr erstes Enkelkind im Arm halten – die Verhandlungen mit dem Schicksal sind noch nicht abgeschlossen. Ein großer Wunsch ist es auch, noch einmal ihre Familie in der alten Heimat zu besuchen, sich von ihren Eltern, den Geschwistern verabschieden zu können.

Ziele sind wichtig, um sich nicht aufzugeben. Um sie zu erreichen, würde Ava wohl noch einiges auf sich nehmen. Aber sie hat auch Grenzen gesetzt. Nach acht dramatischen und sehr schweren Operationen sagt sie: »Bis zu zehn Operationen würde ich noch gehen, aber dann ist endgültig Schluss.« Eine weitere Chemo kommt für sie nicht mehr in Frage. Deshalb will sie rechtzeitig alle ihre Angelegenheiten klären und in Ordnung bringen, auch die ganz nüchternen, praktischen Dinge wie Testament, Patientenverfügung oder die Frage, wie sie beerdigt werden möchte. Alle Belange sollen im Interesse von Mann und Kindern klar und eindeutig geregelt sein. Und das ist etwas, das ich immer wieder in meinen Gesprächen gehört habe: wie wichtig es ist, die Familie gut aufgehoben zu wissen, im inneren Frieden mit den Angehörigen zu sein und die Sicherheit zu haben, dass alles geklärt ist, man keine Baustellen hinterlässt. Das lässt sich auf alle Bereiche beziehen – auf das Persönliche, Zwischenmenschliche, aber auch auf materielle Dinge.

## Praktische Vorbereitung

Ordnung führt zur Freiheit.
Charles Péguy

Ein Freund erzählte mir, wie er zum ersten Mal nach dem Tod seines Vaters dessen Wohnung betreten hatte. Überall Berge von Papier, ungeöffnete Briefe, Postkarten, Kontoauszüge, gelesene und ungelesene Zeitungen, Rechnungsbelege, Versicherungspolicen – ein einziges Tohuwabohu sei das gewesen, und da habe er sich erst einmal hinsetzen und eine Runde heulen müssen, über alles: den Tod des Vaters, den endgültigen Abschied von seiner Kindheit und über dieses Chaos, das ihm zeigte, wie völlig überfordert sein Vater die letzte Zeit seines Lebens gewesen sein musste.

Er lebte in einer anderen Stadt, war eingespannt im Beruf und hatte jede Menge Verpflichtungen. Sie hatten öfter telefoniert, aber sich nur gelegentlich gesehen und bei den wenigen kurzen Besuchen waren ihm die Stapel von Papier gar nicht so aufgefallen. Als es nun darum ging, in relativ kurzer Zeit die Wohnung aufzulösen, bedeutete das nicht nur, sich von vielen vertrauten Gegenständen zu trennen und das Leben seines Vaters gewissermaßen zu entsorgen, es galt vor allem auch, den Nachlass zu regeln. Aber nichts war zu finden. Alle Ordner, von der Mutter vor Jahren noch ordentlich beschriftet, waren in katastrophalem Zustand, jahrelang war hier nichts mehr abgeheftet worden, wichtige Unterlagen waren einfach unauffindbar. Weil trotzdem alles irgendwie schnell über die Bühne gehen sollte, hatte der Freund alle Papiere und Unterlagen kurzerhand in Kisten gepackt und mit zu sich nach Hause genommen, hatte dort sukzessive alles gesichtet, jeden einzelnen Schnipsel in die Hand genommen. Monate habe es gedauert, erzählt er, sich durch das Chaos durchzuarbeiten, das Finanzielle zu regeln und diese ganze Angelegenheit abzuschließen. Oft habe er dagesessen, mal voller Wut auf den Vater, der ihm dieses wüste Durcheinander hinterlassen hatte, dann wieder voller Selbstvorwürfe und Traurigkeit darüber, dass er seinen Vater in diesem Zustand völliger Überforderung im Stich gelassen hatte.

Es passiert wohl sehr häufig nach einem Todesfall, dass die Angehörigen keinen blassen Schimmer davon haben, wo wichtige Unterlagen, Schmuck oder alte Familien- und Erinnerungsstücke zu finden sind. Waren die Verstorbenen dement, entdeckt man ein Sparbuch auch schon mal im Tiefkühlfach oder ein kostbarer Ring taucht nie mehr auf, weil er beim Ausräumen mit alter Kleidung oder vermeintlichem »Krempel« versehentlich weggeworfen wurde.

Aber nicht nur ältere Menschen sollten deshalb frühzeitig ihre Dinge regeln und beispielsweise festhalten, wo was zu finden ist. »Ich erinnere mich an einen Vater, der drei Kinder im schulpflichtigen Alter hatte und sich mit einer Krebsdiagnose konfrontiert sah, die ihm keine Zeit mehr ließ, seine Dinge zu regeln. Er hat den Tod noch auf seinem Sterbebett mit der ganzen Kraft seines geschwächten Körpers bekämpft, hat sich aufgelehnt, sein Bett regelrecht durchpflügt in seiner Weigerung zu sterben«, erzählte mir die Hospizmitarbeiterin Barbara Schoppmann von einem Mann, den sie auf seinem letzten Weg begleitet hatte. »Vielleicht ist das nur meine Interpretation, aber ich glaube, er konnte nicht gehen, weil er seine Familie nicht im Stich lassen wollte. Der Tod kam für ihn einfach zu früh. In jeder Hinsicht.«

Menschen, die wissen, dass sie nur noch begrenzte Zeit zu leben haben, gehen mit diesen »Baustellen« ganz unterschiedlich um. Manche sprechen mit dem Bestatter, machen ihr Testament, reden mit der Familie, sagen den Kindern, wo wichtige Dokumente zu finden sind. Sie spielen alle Eventualitäten durch und versuchen alles abzusichern. Andere wollen nichts davon hören. Ihre Bewältigungsstrategie ist es, die Augen vor dem, was ihnen bevorsteht, zu verschließen und so zu tun, als wäre nichts. Sie wollen das Leben bis zum letzten Moment auskosten und nicht schon etwas vorwegnehmen, was sie zu sehr an den Tod erinnert.

Aber es gibt tatsächlich gute Gründe, Vorsorge zu treffen, und zwar nicht erst, wenn man den Tod unmittelbar vor Augen hat. Fangen wir bei den materiellen Dingen an:

Nach dem Tod eines nahen Angehörigen brechen in Familien manchmal heftige Konflikte auf, die lange unbemerkt geblieben sind. Auch ich habe in meinem Umfeld erlebt, dass über Jahre scheinbar harmonische Beziehungen diese Nagelprobe nicht bestanden haben. Dass über den Tod, vor allem des letzten Elternteils, Konflikte aufgebrochen sind, deren Heftigkeit vorher keiner auch nur geahnt hätte.

Meine Freundin Gine hatte ihren schwerstbehinderten Vater jahrelang gepflegt, war sogar zu ihm gezogen, hatte Persönliches und Berufliches hintangestellt. Sie hatte Handstände gemacht, wenn sie mal für ein paar Tage wegmusste, und mit einem Pflegedienst alles bis ins Detail organisiert. Nächtelang hatte sie am Bett ihres Vaters gesessen, ihn zuletzt gewindelt und gewaschen und es manchmal kaum noch ausgehalten. Ich kann mich an verzweifelte Telefonate mit ihr erinnern, wenn sie zerrieben zwischen Beruf und Pflege am Ende ihrer Kräfte war. Der Bruder wohnte weiter weg, hatte eine eigene Familie und sich deshalb weniger kümmern können. Gine hatte das akzeptiert und den Bruder ganz selbstverständlich auch auf die Entfernung in alle grundsätzlichen Entscheidungen einbezogen. Das Verhältnis war gut, man stand sich nahe. Nach dem Tod des Vaters aber war alles anders. Nun bombardierte der Bruder meine Freundin plötzlich mit Anschuldigungen: Sie habe auf Kosten des Vaters gelebt, sich bereichert, Dinge hinter seinem Rücken betrieben. Eine Flut von Briefen und E-Mails mit wahren Hasstiraden und Vorwürfen prasselte auf sie herab. Gine war fassungslos. Das Schlimmste sei gewesen, sagte sie mir, dass all diese gehässigen Angriffe und verletzenden Vorwürfe ihr gar keinen Raum für die Trauer und den Abschied von ihrem Vater gelassen hätten. Heute kommunizieren die beiden nur noch über Anwälte. Die Familie, die sie jahrzehntelang gewesen sind, gibt es nicht mehr.

*

Die jahrelang unterdrückte Rivalität zwischen Geschwistern, das Gefühl, immer zu kurz gekommen, vielleicht weniger geliebt worden zu sein, brechen sich Bahn, wenn plötzlich die Instanz, das Gefüge fehlt, das bisher alles zusammengehalten hat. Solche heftigen Gefühle suchen sich ein Ventil, und willkommener Anlass, Zwistigkeiten auszuleben, ist dann häufig der Streit ums Erbe, selbst wenn es gar nichts zu erben gibt. Gegenstände, die zuvor kaum eine Bedeutung hatten, werden nun zum heißumkämpften Objekt der Begierde. Dann wollen auf einmal alle Mutters Bernsteinkette, die früher eher abschätzig belächelt wurde, das Bild, das auf Vaters Schreibtisch stand oder die alte Kaffeekanne mit dem Sprung, die man seit Kindertagen kennt. Wenn es tatsächlich etwas zu erben gibt, Wohneigentum oder Vermögen etwa, dann läuft die Angelegenheit oft so aus dem Ruder, dass Anwälte und Gerichte damit befasst werden müssen. Dabei zerbricht viel, das später nicht mehr repariert werden kann.

Nun ist nicht jeder Familienkonflikt vermeidbar, zumal es da oft viel mehr um Gefühle als um Materielles geht. Dennoch kann man potentiellen Auseinandersetzungen die Schärfe nehmen, wenn man die Verhältnisse frühzeitig klärt – mit einem Testament. Aber ähnlich wie bei Patientenverfügung oder Vorsorgevollmacht schieben viele den Entschluss, sich hinzusetzen und den »letzten Willen« zu Papier zu bringen, lange vor sich her. Manche bekommen nie die Kurve. Nur etwa 25 Prozent der Deutschen haben ihr Testament gemacht. Dabei wäre es gerade in diesen Zeiten, in denen Familienverhältnisse oft unübersichtlich und kompliziert sind, ganz besonders wichtig – für unverheiratete Paare beispielsweise oder sogenannte Patchwork-Familien, in denen es »deine«, »meine« und »unsere« Kinder gibt.

Sind die Beziehungen komplex und die Ansprüche der verschiedenen »Erbberechtigten« unklar, hilft es, sich von einem Anwalt oder Notar beraten zu lassen. In weniger komplizierten Fällen genügt ein handschriftliches Testament. Das sollte allerdings so verwahrt werden, dass es nach dem Tod auffindbar ist und nicht einfach verschwinden kann, wenn es einem der Erben möglicherweise nicht behagt. Man kann es zum Beispiel bei einer außenstehenden Vertrauensperson oder beim Amtsgericht hinterlegen.

Es ist aber durchaus sinnvoll, auch schon für den Fall vorzusorgen, dass man sich bereits zu Lebzeiten nicht mehr alleine um seine Belange kümmern kann. Keiner ist vor plötzlichen Krankheiten oder Unfällen gefeit, die einem von einem Moment zum anderen das Heft des Handelns aus der Hand nehmen können. Und im Alter kann ein Sturz, ein Schlaganfall oder fortschreitende Demenz dafür sorgen, dass man seine Angelegenheiten nicht mehr eigenverantwortlich regeln kann. Auch hier ist es deshalb wichtig, frühzeitig Vorsorge zu treffen, zum Beispiel durch eine Vorsorgevollmacht oder Betreuungsverfügung, am besten beides. Denn hat man im Vorhinein nicht selbst festgelegt, wer die eigenen Interessen im Fall der Fälle vertreten soll, wird ein Gericht das bestimmen. Die Vertretungsbefugnis fällt jedenfalls nicht automatisch den nächsten Angehörigen zu. Deshalb empfiehlt das Bundesministerium für Justiz, »schon in gesunden Tagen vorausschauend für die Wechselfälle des Lebens zu entscheiden«. Damit gibt man keinesfalls sein Recht auf Selbstbestimmung auf, ganz im Gegenteil: Man kann sehr dezidiert festhalten, wer in welchen Bereichen und unter welchen Voraussetzungen Vollmachten erhält – und wer nicht. Damit sorgt man nicht nur für sich selbst vor, sondern gibt auch den Menschen, die man beauftragt, den Rückhalt, den sie möglicherweise in einer Auseinandersetzung mit anderen irgendwann einmal brauchen, seien es weitere Angehörige, Ärzte, Vertreter der Krankenkasse oder Bankmitarbeiter.

Meine Eltern hatten mir seinerzeit mit einer Generalvollmacht die Verantwortung für den Fall übertragen, dass sie Entscheidungen nicht mehr alleine würden treffen können. Ich habe diese Vollmacht tatsächlich mehrfach gebraucht – im Umgang mit Ämtern und Behörden, mit der Bank und zuletzt auch mit den Ärzten im Krankenhaus. Das war für mich der kritischste und zugleich wichtigste Punkt, als es nämlich um die Frage ging: Unter welchen Umständen und zu welchem Preis wollen meine Eltern weiterleben, und wie wollen sie sterben?

Das ist vielleicht die persönlichste und intimste aller Fragen, und wer möchte diese existentielle Entscheidung schon anderen überlassen? Wer will im Ernst dem Ehepartner oder seinen Kindern die Verantwortung dafür aufbürden, wie das eigene Ende aussehen soll?

Als meine Eltern in unsere Nähe zogen, ging es beiden nicht mehr gut. Mein Vater hatte eine schwere Krebsoperation hinter sich, die er nur knapp überlebt hatte, meine Mutter klagte immer häufiger über geistige Aussetzer, die sie mit den Worten kommentierte: »Irgendwie laufe ich heute ohne Kopf herum.« Sie brauchten Unterstützung im Alltag, wollten aber, soweit möglich, ihre Eigenständigkeit behalten. Eine kleine Wohnung, nur ein paar Ecken von uns entfernt, war ein guter Kompromiss. Sie führten weiter ihren eigenen Haushalt, waren unabhängig, und gleichzeitig konnte ich mehr für sie da sein und jederzeit vorbeischauen, konnte Dinge für sie erledigen, sie zu Ärzten begleiten, einfach da sein, wenn sie etwas brauchten. Eines war mir jedoch schnell klar: Es gab Angelegenheiten, die ich für sie nie würde entscheiden wollen oder können. Die möglicherweise zentralen Fragen am Ende ihres Lebens würden sie selbst für sich beantworten müssen: Ist mir der Gedanke erträglich, jahrelang ein Pflegefall zu sein oder kann ich mir nicht vorstellen, unselbständig und in völliger Abhängigkeit weiterzuleben? In wessen Gegenwart fühle ich mich wohl und ruhig? Wen will ich beim Sterben bei mir haben und wen lieber nicht? Wie wichtig ist mir die Unterstützung durch einen Seelsorger oder Pfarrer? In welchen Fällen will ich beatmet, unter welchen Umständen künstlich ernährt werden, wann und wie lange sollten intensivmedizinische Eingriffe noch vorgenommen oder möglicherweise lebenserhaltende Geräte irgendwann abgeschaltet werden? Ich wollte und konnte nicht Herrscherin über Leben und Tod meiner Eltern sein und habe deshalb beide schließlich davon überzeugen können, in einer Patientenverfügung ihre Vorstellungen und Wünsche festzuhalten.

Seit 2009 ist in Deutschland gesetzlich geregelt, wie der Wille eines Patienten bei der Behandlung berücksichtigt werden kann und muss. Vorher war es strafbar, Behandlungen abzubrechen oder lebenserhaltende Maßnahmen nicht vorzunehmen, nun ist es – wenn der Patient das wünscht – erlaubt. Mehr noch: Diesen Wünschen müssen Ärzte heute folgen. Kein Patient darf mehr gegen seinen erklärten Willen behandelt, keine Patientenverfügung missachtet werden, sonst ist der Straftatbestand der Körperverletzung erfüllt.

Das Erstellen einer solchen Verfügung ist nicht wie das Lösen eines Kreuzworträtsels. Es bedarf intensiver Auseinandersetzung und viel Überlegung, bevor man Handlungsanweisungen fixiert, die im Ernstfall über Tod und Leben entscheiden können. Aber es gibt hilfreiche Anleitungen bei den verschiedensten Stellen, mir haben die Vorlagen und Textbausteine des Bundesministeriums der Justiz und des Malteser Hilfsdienstes weitergeholfen.[13] Meine Eltern und ich haben den Entwurf einer Patientenverfügung Punkt für Punkt durchgearbeitet. Wir haben darüber diskutiert, was bestimmte Formulierungen bedeuten und haben uns viel Zeit gelassen. So etwas muss nicht an einem Abend passieren. Das ist ein Prozess, in dem man vielleicht auch seine Meinung wieder ändert und in dem man vorgegebene Sätze nicht einfach nur absegnen, sondern manches für sich passend selber formulieren kann. Jede Patientenverfügung sollte individuell zugeschneidert sein.

Als es etwa um die Frage der künstlichen Ernährung ging und darum, unter welchen Umständen man sie vielleicht ablehnen sollte, hatte meine Mutter die Sorge, sie müsse ohne eine solche Maßnahme irgendwann womöglich verhungern. Solche Ängste sind legitim, ihnen kann in jeder Patientenverfügung Rechnung getragen werden. Deshalb sollten alle denkbaren Fälle in Ruhe durchgespielt und allgemeine Formulierungen vermieden werden. Man sollte nicht generell von »Apparatemedizin« sprechen, denn Apparate können medizinisch sehr hilfreich und bei der Behandlung von Schmerzen unerlässlich sein. Eine Morphinpumpe beispielsweise ist auch ein Apparat. Oder, auch eine Frage, mit der wir uns intensiv befasst haben: Was ist gemeint, wenn von »unwürdigem Dahinvegetieren« die Rede ist? Wie beurteilt man den Zustand eines Schwerstkranken, Sterbenden? Eine Hospizmitarbeiterin hat mir erzählt, dass eine Situation, die für einen gesunden Menschen unzumutbar erscheinen mag, für den Betroffenen immer noch erträglich oder sogar lebenswert sein kann. Dass ein Zustand, der Außenstehenden als qualvoll und würdelos erscheint, für den Kranken eben doch auszuhalten ist. Viele Menschen sind am Ende bereit, viel mehr auf sich zu nehmen, als sie vorher je gedacht haben.

Unmittelbar nach meiner Chemotherapie hatte ich mir geschworen: nie mehr! So etwas mache ich nicht mehr mit, dann sterbe ich lieber. Heute, mit etwas Abstand, bin ich mir da nicht mehr so sicher. Wenn es am Ende um Leben oder Sterben geht, hält man plötzlich einiges aus, und schließlich haben sich inzwischen auch die Chemotherapien verändert. Heute sollen sie sanfter, verträglicher sein.

Weil sich also die Koordinaten und auch die eigene Haltung immer wieder ändern können, ist es umso wichtiger, eine Patientenverfügung, wenn sie einmal ausgefüllt und unterschrieben ist, nicht als in Stein gemeißelt zu betrachten. Jede Patientenverfügung ist jederzeit widerrufbar, auch noch ganz am Schluss. Man sollte sie sich vielleicht deshalb immer mal wieder vornehmen und überlegen: Stehe ich noch zu der Entscheidung von vor einem oder vor fünf Jahren? Habe ich vielleicht Erfahrungen mit Menschen gemacht, die mir wichtig sind, die meinen Blick auf Tod und Sterben verändert haben? Man sollte seine eigene Haltung überprüfen, auch mit anderen darüber sprechen. Der Austausch mit Angehörigen, Freunden, Menschen, die einem nahestehen, kann in diesem Entscheidungsprozess sehr unterstützend sein. Ein solches Gespräch sollte in ruhiger, entspannter Atmosphäre stattfinden, nicht erst auf einer Intensivstation oder in der Notaufnahme. Doch oft wollen Eltern ihre Kinder nicht mit solchen Fragen belasten, und umgekehrt machen Kinder sich Gedanken, dass ihre Eltern es vielleicht missverstehen, wenn sie Fragen nach dem Lebensende thematisieren. Sie könnten womöglich den Eindruck haben, man rechne mit ihrem baldigen Tod. So drücken sich beide Seiten aus unterschiedlichen Gründen vor diesem Thema – meist zu Unrecht, wie ich aus persönlicher Erfahrung weiß. Denn bei solchen Gesprächen entsteht sehr oft große emotionale Nähe, und das Vertrauen zwischen Betroffenen und Angehörigen festigt sich. Es klären sich für beide Seiten wesentliche Fragen, und es wächst die Sicherheit, dass der jeweils andere weiß, was man sich wünscht.

Meine Eltern und ich haben gemeinsam darüber gesprochen, wovor sie Angst haben, was ihnen wichtig ist, was sie in Kauf nehmen möchten, um weiterleben zu können. Mir gab das die Gelegenheit, auch über meine eigenen Ängste, Wünsche und Bedürfnisse nachzudenken.

Das Schlimmste war für uns alle drei die Angst vor Schmerzen, vor Verdursten und Ersticken – das, da waren wir uns einig, möge man uns ersparen. Mein Vater sagte klipp und klar: Er wolle nicht um jeden Preis länger leben, nicht, wenn er dafür unter ständigen, starken Qualen würde leiden müssen. Am Ende allerdings hat er viel ausgehalten, um doch noch ein bisschen länger bleiben zu können. Aber bei einem Punkt blieb er entschieden und fest bis zum Ende: Ein Leben ohne Lesen, das wäre für ihn kein Leben mehr. Als das Lesen nicht mehr ging, hat er für sich die Konsequenzen gezogen. Er war bis zuletzt bei klarem Verstand und konnte noch alles selbst entscheiden. Kurz vor seinem Tod verfügte er, dass er keine Antibiotika mehr erhalten wolle, auch eine künstliche Ernährung über eine sogenannte PEG, einen externen Zugang zum Magen, lehnte er ab.

Meine Mutter hatte erklärt, sie wolle nicht ohne Bewusstsein an Schläuchen hängen und nur mit Hilfe von Geräten weiterleben. Das hatte sie ebenso in ihrer Patientenverfügung festgehalten, wie den Satz, dass sie nicht wiederbelebt werden wolle. Zum Einsatz kam auch ihre Verfügung dennoch nicht. Sie starb sehr plötzlich und schnell, und als der Notarzt kam, wäre es für Wiederbelebungsversuche ohnehin zu spät gewesen.

Auch für meine Freundin Ava ist ein Mindestmaß an Lebensqualität unverzichtbar, sagt sie, und die sei für sie gleichbedeutend mit Selbständigkeit: »Ich möchte nicht von anderen abhängig sein, möchte nicht, dass mich jemand baden oder zur Toilette bringen muss.« Diese privatesten Dinge nicht mehr selbst erledigen zu können sei für sie unwürdig und erniedrigend. Auf keinen Fall wolle sie ihren Kindern zur Last fallen.

## Ars Moriendi oder die Kunst, zu sterben

Wie möchten Sie sterben?
Marcel Proust, *Fragebogen*

Früher war es selbstverständlich, dass ein Mensch eingebettet in sein persönliches Umfeld und die vertrauten Abläufe aus dem Leben ging. Heute haben wir den Tod ausgesperrt. Es wird extern gestorben, auf der Intensivstation, im Krankenhaus oder Pflegeheim, nur noch selten in der Umgebung, in der man gelebt hat. Statt umringt von den Menschen, die sie geliebt, mit denen sie gelebt haben, finden sich Sterbende viel zu oft umgeben von Hightech-Apparaten und der Hektik und Ungeduld eines überlasteten Personals. Die wohlbekannten Schritte und das ferne Gemurmel der Angehörigen, das altvertraute Ticken einer Uhr, das Singen eines Vogels durchs geöffnete Fenster wird hier übertönt vom Pumpen eines Beatmungsgeräts und dem Piepen der Überwachungsmonitore. Moderne Medizintechnik und »Profis« in einer Klinik können aber kein Ersatz sein für die uralten Bräuche und Rituale, die früher Sterbenden und Trauernden Halt gegeben haben.

Im Mittelalter gab es etwa die *Ars Moriendi*, christliche Sterbebüchlein mit Texten und bildlichen Darstellungen, die schon Gesunde in der Kunst des Sterbens unterweisen sollten. Der Tod kam damals durch Kriege und Seuchen oft plötzlich und ließ wenig Zeit dafür, die Dinge zu regeln. Deshalb beteten die Christen jahrhundertelang auch: »Und bewahre uns vor einem plötzlichen Tod.« Es galt, sich frühzeitig zu wappnen. Viele taten das, indem sie die Schriften und Anleitungen der *Ars Moriendi* wieder und wieder studierten. Wer nicht lesen konnte, betrachtete die Bilder vom Kampf zwischen Gut und Böse, zwischen himmlischen Heerscharen und dem Teufel am Sterbebett. Hier fiel die Entscheidung über ihr Seelenheil, über Himmel und Hölle. Um das Gute zu stärken, war es deshalb wichtig, den Glauben zu festigen, sich vorzubereiten, seine Sünden zu bereuen und sich von weltlichen Besitztümern zu lösen. Der Sterbende war dabei aber nicht allein. Es waren immer Angehörige, Freunde, Nachbarn anwesend, denn Sterben war damals eine öffentliche Angelegenheit, und die Umstehenden hatten ihren Teil zu einem »guten Tod« beizutragen – durch ihren Beistand, durch Gebete und Fürbitten.[14]

Die Zeiten haben sich geändert. Jahrhunderte an Erfahrungen und Traditionen wurden überflüssig durch das Diktat der Machbarkeit, aber auch durch die Veränderungen in unserem Zusammenleben. Es findet nur noch selten in einer größeren Gemeinschaft oder einem starken Familienverbund statt. Das Individuum, das Ego stehen so hoch im Kurs wie nie zuvor. Immer mehr Menschen leben allein (2011 waren es in Deutschland knapp 16 Millionen), häufig in Anonymität, oft kennen sie noch nicht einmal ihre Nachbarn.

Je stärker die Individualisierung unserer Gesellschaft voranschritt, je leistungsstärker die Medizin wurde, desto weniger spielten spirituelle und psychologische Unterstützung am Sterbebett eine Rolle. Heute kommt der Tod für die meisten Menschen entweder nach langer Krankheit, oft nach Wochen und Monaten, manchmal sogar Jahren medizinischer Dauerbehandlung, häufig quälender Therapien. Viele sterben im fortgeschrittenen Alter, begleitet von körperlichen Einschränkungen oder Demenz.

Als schöner Tod gilt deshalb heute, anders als in früheren Zeiten, ein plötzlicher Tod, schnell und schmerzlos. Den erhofften sich rund drei Viertel der Menschen, sagt der Palliativmediziner Gian Domenico Borasio, der bei seinen Vorträgen Zuhörer immer wieder dazu befragt, wie sie sterben möchten. Nur etwa 25 Prozent wünschen sich danach ein durch Therapien und Medikamente hinausgezögertes, langsames Sterben, über mehrere Jahre bei klarem Verstand. Und nur ganz vereinzelt können sich Befragte den langen, vor allem für die Angehörigen quälenden Abschied mit einer Demenzerkrankung vorstellen.

Die Realität indes sieht anders aus: Weniger als 5 Prozent ist ein schneller Tod beschieden. Die meisten, nämlich 50 bis 60 Prozent, sterben, wie mein Vater das in seinem Falle nannte, einen »Tod mit Ansage«. Sie erhalten die Diagnose einer tödlichen Krankheit, aber ihr Leben wird durch Therapien so lange wie möglich verlängert. Das wird in unserer vergreisenden Gesellschaft in Zukunft deutlich zunehmen – die Art von Tod also, von der die meisten hoffen, dass sie ihnen nach Möglichkeit erspart bleibe.[15]

Wir können nicht entscheiden, wann wir sterben müssen, und auch nicht, welche Todesart uns trifft, aber wir können – zumindest in einem gewissen Rahmen – das »Wie« beeinflussen.

## Strohhalm und Räderwerk

Weil Krankheit stets nach Heilung schrie,
ersann der Mensch die Therapie.
Die kann durchaus ein Segen sein.
Doch gilt das durchweg? Leider nein.
Robert Gernhardt

»Man gerät in ein Räderwerk, ohnmächtig gegenüber der Diagnose, den Vermutungen und Entscheidungen der Spezialisten. Der Kranke ist ihr Eigentum geworden.« So beschreibt die französische Schriftstellerin Simone de Beauvoir die Situation rund um den Tod ihrer Mutter in ihrem Buch *Ein sanfter Tod*[16]. Dieser Tod allerdings war alles andere als sanft, sondern ein wochenlanger »Wettlauf zwischen Tod und Qual«. Beauvoirs Mutter war zusammengebrochen und mit unklarer Diagnose ins Krankenhaus eingeliefert worden. Als klarwurde, dass die alte Dame an inoperablem Krebs erkrankt war und eigentlich keine Chance hatte, die nächsten Tage zu überstehen, baten die Töchter darum, sie in Ruhe sterben zu lassen. Aber ihre Bitte wurde ignoriert, stattdessen das medizinische Räderwerk in Gang gesetzt. Operation, Wiederbelebung, Infusionen. »Ich habe sie wieder zum Leben erweckt«, triumphierte der junge, ambitionierte Arzt, der sie behandelt hatte. Der Tochter, die ihn deswegen zur Rede stellte, erklärte er schroff: »Ich tue, was ich tun muss.«[17] Simone de Beauvoir wagte nicht zu fragen: »Warum?«

Was sich 1963 in Frankreich ereignet hat, ist in vielen Ländern genau so passiert, auch in Deutschland. Mehr noch: Seitdem hat das Machbarkeitsdenken – nicht nur in der Medizin – ständig zugenommen. Auch die Patienten und ihre Angehörigen wollen ein Schicksal nicht mehr einfach hinnehmen und denken: Da muss es doch einen Weg geben, irgendein Mittel, eine Operation. Sie klammern sich an jeden Strohhalm, flehen die Ärzte um Hilfe an, auch da, wo es keine mehr gibt. Dann wirft oft genug das medizinische System die Motoren an, und das Räderwerk läuft. Bis irgendeiner es zum Halten bringt – oder auch nicht. Das war auch bei Hilde so, einer langjährigen Freundin meiner Eltern. Als bei ihr Eierstockkrebs im fortgeschrittenen Stadium festgestellt wurde und klar war, dass es keine Heilung mehr gab, fand sie sich überraschend schnell mit ihrem Schicksal ab. Ihr Mann dagegen bäumte sich auf, wollte sie nicht gehen lassen. Er schleppte sie von einem Facharzt zum nächsten, vom Krankenhaus zur Spezialklinik, bei jeder Koryphäe wurde er vorstellig. Immer hatte man hier oder da noch etwas Neues im Angebot, irgendeinen Strohhalm, an den man sich klammern konnte: eine gerade erst entwickelte Chemotherapie aus den USA, eine spezielle, punktgenaue Bestrahlungsmethode und dann doch die Operation, die der Arzt davor noch als völlig sinnlos abgelehnt hatte. Statt sich in der Geborgenheit der ihr vertrauten Umgebung langsam aus dem Leben zu verabschieden, verbrachte Hilde ihre letzten Monate in Operationssälen und PET-Scans, in Krankenhausbetten und auf grell ausgeleuchteten Klinikfluren.

Ärzten fällt es verständlicherweise schwer, einer verzweifelten Patientin oder in diesem Falle Angehörigen, die flehend vor ihnen stehen, noch das letzte Fünkchen Hoffnung zu rauben. Auch Hildes Mann – selbst ein erfahrener Arzt – kämpfte hier einen Kampf, den seine Frau längst verloren hatte. »Ich will einfach nur noch meine Ruhe und ein kleines bisschen Zeit für mich«, hatte sie meiner Mutter einmal im Vertrauen gesagt. Ihrem Mann gegenüber schwieg sie. Sie hatte ein schlechtes Gewissen, ihn verlassen zu müssen, und wollte ihm nicht die Hoffnung nehmen. Zweimal wurde sie halbtot ins Krankenhaus eingeliefert und ins Leben zurückgeholt – mit allem, was die Intensivmedizin zu bieten hat: Elektroschocks, Beatmungsgerät, Dauertropf und Magensonde. Bis zuletzt hat sie schreckliche Qualen gelitten, erzählten ihre Kinder später. Nach monatelangen intensivsten Therapien, bei der die Mediziner wirklich alle Register gezogen hatten, starb sie zu Hause. Die Situation war widersinnig: Während in den Monaten davor jede noch so aggressive Therapie an ihr erprobt worden war, blieb sie im Sterben ganz auf sich allein gestellt. Hildes Mann hatte sich gegen die Gabe von Morphium entschieden, weil er fürchtete, dann würde sie geistig wegdriften und schneller sterben. Das konnte er nicht ertragen, und Hilde war längst zu schwach gewesen, ihre Wünsche durchzusetzen. Sie starb unter schrecklichen Qualen nach tagelanger Agonie.

Angesichts der lebensverlängernden Hochleistungsmaschinerie, wie sie die moderne Medizin heute bereithält, siegt die Möglichkeit häufig immer noch über die Menschlichkeit. Ich will die Errungenschaften der modernen Medizin beileibe nicht verteufeln, ganz im Gegenteil: Ohne sie wäre ich längst tot. Und ich kenne viele, denen es genauso ergangen ist. Auch meinen Eltern hat sie mehr Lebenszeit geschenkt und ihnen viele Schmerzen und schreckliches Leiden erspart. Aber wie eigentlich immer, kommt es auch hier auf den sinnvollen und verantwortungsbewussten Einsatz der möglichen Mittel an. Ziel kann nicht sein, einen aussichtslosen Kampf zu führen auf Kosten derer, für die man kämpft.

Sterben ist kein rein medizinisches Problem, auf das es technische oder pharmakologische Antworten zu finden gilt. Es ist vielmehr eine komplexe, vielschichtige Erfahrung für den Betroffenen und sein Umfeld und braucht deshalb ebenso komplexe Lösungsansätze. Die Medizin soll im Rahmen ihrer Möglichkeiten begleiten, nicht die Führung übernehmen. Irgendwann kommt der Moment, an dem es nicht mehr um Lebensverlängerung um jeden Preis gehen darf, sondern nur noch um einen »würdevollen« Tod.

## Wegbegleiter und letzte Hilfe

Nicht weniger wichtig als die Vorbereitung
auf unseren eigenen Tod ist es,
anderen zu helfen, gut zu sterben.
Dalai Lama

Aber wer lindert die Schmerzen, die Luftnot, die Ängste, die uns am Ende unseres Lebens vielleicht befallen? Es soll ja nicht nichts geschehen, aber eben das Richtige, das uns ein weitgehend sanftes, ein humanes Sterben ermöglicht. Einerseits soll das Leiden nicht durch unsinnige Behandlungen verlängert, der Tod nicht quälend hinausgezögert werden. Andererseits sind viele gepeinigt von der Furcht, im Stich gelassen zu werden und am Ende ohne die nötige Versorgung mit ihren körperlichen und seelischen Qualen allein zu bleiben. Zum Glück hat sich hier in den letzten Jahrzehnten einiges getan, dank der Palliativmedizin. Sie hat sich zum Ziel gesetzt, Menschen, die an einer nicht heilbaren, weiter fortschreitenden Krankheit leiden, zu begleiten. Das lateinische Wort »palliare« bedeutet »einhüllen« oder »ummanteln«, und so soll die Palliativmedizin um den Patienten gewissermaßen einen Mantel aus Fürsorge, Wärme und Geborgenheit legen. Menschen sollen die Möglichkeit haben, einen »guten Tod« zu sterben.

Aber was genau ist ein »guter Tod«? Um deutlich zu machen, wo der Fokus palliativer Arbeit liegen soll, hat das amerikanische Institute of Medicine eine Definition dazu vorgelegt: »Ein annehmbarer oder guter Tod ist einer, der frei ist von vermeidbarem Stress und Leiden für den Patienten, die Familie und die Versorgenden; er geschieht im Einvernehmen mit den Wünschen des Patienten und seiner Familie und berücksichtigt anerkannte ethische und kulturelle Werte sowie medizinische Standards.«[18]

Auf Palliativstationen gilt es also, physische Symptome wie Schmerzen, Erstickungsgefühle oder Übelkeit und Erbrechen zu lindern, aber auch psychische Leiden, Gefühle von Hilflosigkeit, Enttäuschung und Ängste ernst zu nehmen und aufzufangen. »Es gehört deshalb zu unseren Aufgaben, einen sicheren Rahmen für all das zu schaffen, was für den Sterbenden am Ende seines Lebens wichtig ist, und dazu gehört auch die Auseinandersetzung mit seelischen Nöten und spirituellen Fragen«, sagt die Palliativmedizinerin Christine Schiessl, die lange an der Universitätsklinik in Köln gearbeitet hat. Dort wurde 1983 übrigens die erste Palliativstation Deutschlands gegründet.

Die Betreuung auf einer Palliativstation ist umfassend, intensiv und sehr individuell, aber anders als auf Intensivstationen eben nicht überwiegend auf medizintechnischer, pharmakologischer Ebene, sondern auf der

Grundlage eines vielschichtigen Beziehungsgeflechts. Die Plätze auf Palliativstationen allerdings sind rar, und für eine ambulante Versorgung ist längst noch nicht flächendeckend gesorgt. Auch Christine Schiessl sieht deshalb die Gefahr, dass ein Patient auf einer Intensivstation landet, auch wenn er von den medizinischen Möglichkeiten dort gar nicht mehr profitieren kann und der Tod durch intensivmedizinische Maßnahmen einfach nur hinausgezögert wird. Möglicherweise, sagt sie, stünden die Abläufe dort sogar dem entgegen, was der Patient an diesem Punkt eigentlich braucht: »Denn natürlich kommen Geräte und Methoden immer da zum Einsatz, wo sie verfügbar sind.«

Natürlich können Schwerstkranke und Sterbende auch auf Intensiv- und regulären Stationen einer Klinik optimal versorgt werden, denn letztlich ist es immer eine Frage der Haltung der Ärzte und des gesamten Teams, ob ein würdevolles Sterben möglich ist oder nicht. Dafür muss ein Arzt akzeptieren können, dass es den Punkt gibt, an dem Heilung nicht mehr möglich ist. Das würde vor allem jungen Medizinern oft schwerfallen, erzählt Christine Schiessl. Lange galt in Krankenhäusern jeder Tod als Niederlage, und der Fokus lag darauf, zu heilen. Da das in der Palliativmedizin aber nicht möglich ist, gibt es in vielen Köpfen immer noch die »erste Reihe« der »richtigen« Ärzte und erst in der »zweiten Reihe« die Mediziner, die zum Einsatz kommen, wenn Therapien beendet werden, weil sie nicht mehr helfen. Dann ist von »Minimaltherapie« oder »Therapieabbruch« die Rede, dann heißt es, hier kann man nichts mehr tun, und der Patient hat das Gefühl: Man hat mich aufgegeben.

»Aber das ist völlig falsch«, stellt Christine Schiessl klar, »denn hier kann man sehr wohl noch sehr viel und vor allem Wichtiges tun.« Therapieren heißt zu Deutsch »dienen«, den Kranken pflegen. Und genau das tut die Palliativmedizin mit den ihr zur Verfügung stehenden Mitteln und Methoden.

*

Leid und Leiden ist allerdings etwas sehr Subjektives. Demnach gibt es auch nicht den einen, richtigen Weg, das Leiden am Lebensende zu lindern. Was der eine noch aushalten kann, ist für den nächsten schon unerträglich. Deshalb ist es wichtig, die Patienten ganz genau zu befragen, was ihr Problem in jeder einzelnen Phase ihres Sterbens ist, und herauszufinden, wie man helfen kann, erläutert Christine Schiessl. »Das bedeutet aber, nicht nur Fragen zu stellen, sondern auch genau zuzuhören und immer wieder nachzufragen, zu versuchen zu verstehen.« Der eine braucht ein Ohr, um reden und Dinge loswerden zu können, vielleicht eine Hand zum Festhalten, wenn er sich einsam fühlt, der andere wiederum braucht Medikamente. Schmerzen und Atemnot kann die Palliativmedizin inzwischen weitgehend lindern. In fast allen Fällen gibt es vorzügliche Möglichkeiten, vielleicht nicht immer eine völlige Symptomfreiheit, aber doch Symptomarmut zu gewährleisten.

Aber was, wenn das Leiden für den Patienten so quälend ist, dass er sich den Tod wünscht und um Hilfe beim Sterben bittet? Es ist ein schmaler Grat zwischen Sterbebegleitung und aktiver Sterbehilfe, eine medizinische, aber eben auch eine ethisch-moralische Frage, die gerade unter Ärzten ständig diskutiert wird.

Wenn zur Dämpfung von Beschwerden Morphine oder eine Kombination aus Schmerz- und Schlafmitteln nicht mehr ausreichen sollten, steht als letztes Mittel der Wahl immer auch eine ›palliative Sedierung‹ zur Verfügung. Der Patient wird in ein künstliches Koma versetzt, das Bewusstsein ist ausgeschaltet und damit auch das Schmerzempfinden. Diese Form der Sedierung kann mit Zustimmung des Patienten (oder bei Vorlage einer entsprechenden Patientenverfügung) vorübergehend eingesetzt werden oder, in der letzten Phase des Sterbens, auch dauerhaft.

Sollte ein »Ausschalten« des Leidens dennoch nicht gelingen oder ein Mensch aus subjektiven, ganz persönlichen Gründen um Hilfe beim Selbstmord bitten, dann ist das für jeden Arzt eine dramatische Grenzsituation, »aber das kommt so gut wie nie vor«, sagt Christine Schiessl. »In meiner Wahrnehmung ist das eine absolute Seltenheit. Aber wenn es passiert, ist das für uns immer ein schwerer Konflikt, denn wir wollen und müssen unserem Patienten natürlich helfen.«

Neben den medizinischen und ethischen sind da aber auch rechtliche Fragen: Was darf der Arzt und was ist strafbar? So ist passive Sterbehilfe, also die Beendigung oder der völlige Verzicht auf lebensverlängernde Maßnahmen, in Deutschland erlaubt. Auch der »ärztlich assistierte Selbstmord«, bei dem Patienten tödlich wirkende Medikamente zur Verfügung gestellt werden, die er dann selber einnimmt, ist zwar seitens der Bundesärztekammer verboten, strafrechtlich allerdings hat er keine Folgen. Anders ist das mit der aktiven Sterbehilfe. Wenn der Arzt ein tödliches Medikament direkt verabreicht, erfüllt das in Deutschland (Stand Februar 2013) einen Straftatbestand.

Christine Schiessl wundert sich allerdings, dass die Diskussion über die gesetzliche Regelung solcher Ausnahmefälle immer wieder so breiten Raum einnimmt, wo doch viel mehr Menschen heutzutage unter unwürdigen Bedingungen sterben müssen, obwohl ihnen mit den zur Verfügung stehenden Mitteln der Palliativmedizin geholfen werden könnte. »Sollten wir uns nicht erst einmal darum kümmern?«, fragt die Ärztin und stellt dann fest: »Ich glaube nicht, dass wir Fragen der aktiven Sterbehilfe über die bestehenden Gesetze hinaus regeln müssen. Denn Gesetze werden nicht für einzelne, sondern für die gesamte Gesellschaft gemacht. Und ich möchte, ehrlich gesagt, nicht in einer Gesellschaft leben, in der Leben eine Alternative ist. Wo ich als schwerstkranker und vielleicht alter Mensch begründen muss, warum ich leben will, weil es die Alternative gibt: Bringt mich um. Und wenn es diese Alternative nicht gibt, braucht Leben keine Begründung, und das finde ich gut so.«

## Einsamkeit und Trost

Einsamkeit ist ein Zwilling des Todes.
Rafik Schami

Schmerzen, Angst vor Ersticken, unerträgliche Übelkeit – das können, müssen aber nicht, die physischen Qualen am Ende eines Lebens sein, und hier gibt es – wie wir gehört haben – gute Möglichkeiten der medizinischen Hilfe. Aber oft ist es auch seelisches Leiden, das einen Sterbenden quält, zu dem Ärzte und Helfer manchmal jedoch nur schwer Zugang finden. Leo Tolstoi beschreibt dieses Leiden in der Geschichte vom *Tod des Iwan Iljitsch*: »Der Doktor sprach von körperlichen Schmerzen und hatte recht. Aber noch furchtbarer als die körperlichen Schmerzen waren die seelischen, diese bedrückende, furchtbare Einsamkeit, die nirgendwo vollkommener sein konnte, weder auf dem Meere noch auf der Erde«[19], die Einsamkeit im Sterben.

Früher starben Menschen, wenn sie nicht in Kriegen oder durch Unfälle ums Leben kamen, in der Regel im eigenen Bett, umringt von Familie und Freunden. Und so stellt sich auch heute noch die große Mehrzahl der Menschen ihren Tod vor: Mehr als 90 Prozent wünschen sich, zu Hause zu sterben. Das ist den meisten heute aber nicht mehr vergönnt. Nach Angaben der Deutschen Gesellschaft für Palliativmedizin starben im Jahr 2012 nahezu 50 Prozent der Menschen in Krankenhäusern, schätzungsweise 20 Prozent in Pflegeheimen, zwischen 2 und 3 Prozent auf Palliativstationen und in Hospizen. Bleibt nur etwa ein Viertel, das noch in den vertrauten vier Wänden sterben kann. Aber auch das heißt nicht, dass diejenigen im Tod nicht allein sind.

Die Versingelung unserer Gesellschaft schreitet voran, immer mehr Menschen leben heute für sich. Das alles führt am Lebensende häufig zu Gefühlen von Einsamkeit und Verlassensein und ist eine der bedrückendsten Ängste von Sterbenden. Hinzu kommt die gewachsene Mobilität in unserer Gesellschaft, die jüngere und ältere Familienmitglieder räumlich oft weit voneinander trennt. Das Kind lebt in Hamburg, der sterbende Elternteil in Südbayern – da sind vielleicht Besuche möglich, aber keine kontinuierliche Begleitung auf der letzten Wegstrecke, zumal, wenn man auch noch eine eigene Familie und einen Job hat. Man will niemandem, schon gar nicht den Kindern, wenn es sie denn gibt, zur Last fallen. Aber wer kümmert sich, wenn ein Mensch im Laufe einer Krankheit seine Unabhängigkeit verliert? Wer kümmert sich um die notwendigen Verrichtungen des Alltags? Mit wem kann er reden, wenn ihn Sorgen und Ängste quälen, wenn er verzweifelt ist?

Und was machen umgekehrt Angehörige und Freunde mit ihrem schlechten Gewissen, wenn sie für den Sterbenden nicht da sein können? Wenn Berufstätigkeit, die eigene familiäre Situation oder die Wohnverhältnisse nicht erlauben, einen Schwerstkranken zu Hause zu betreuen?

Ambulante Hospizdienste können hier eine große Hilfe sein. Sie ermöglichen Sterbenden zum einen, zu Hause zu bleiben, und entlasten zum anderen Angehörige, die an ihre Grenzen stoßen, von der Situation körperlich und seelisch überfordert sind. Und sie bieten etwas, das nicht nur allgemein in unserer Gesellschaft, sondern auch in unserem Medizinsystem zur kostbaren Rarität geworden ist: Zeit. »Kein noch so freundlicher Arzt oder Pfleger kann sich so lange ans Bett setzen wie wir«, sagt Barbara Schoppmann, die Leiterin des ambulanten Malteser Hospizdienstes in Bingen. Ihre ehrenamtlichen Mitarbeiter ersetzen den Pflegedienst nicht, aber auch sie können mit schwierigen Situationen umgehen und wissen, was im Notfall zu tun ist. Im Wesentlichen aber schenken sie Zeit und Zuwendung. Sie sind Helfer, die Normalität in einen von Krankheit dominierten Alltag bringen. Oft sind das scheinbare Kleinigkeiten, die dennoch viel bewirken. So habe eine Mitarbeiterin neulich stundenlang mit einem Patienten Karten gespielt, die beiden hätten gelacht und herumgefrotzelt. Ganz gelöst und fröhlich sei der Mann gewesen und habe am

Ende überrascht festgestellt: »Komisch, ich habe meine Krankheit ganz vergessen.«

Für die Kranken ist die Gegenwart der Hospizmitarbeiter die Rückversicherung, dass sie nicht alleine sind. Den Angehörigen gibt ihre Anwesenheit immerhin stundenweise den Freiraum, den sie zwischendurch für sich brauchen. Oft werden die Sterbebegleiter auch von Alten- und Pflegeheimen angefragt. Immer wieder stellen sie dort fest, dass Sterbende viel ruhiger sind, wenn jemand am Bett sitzt. Das kann in solchen Einrichtungen aber in der Regel nicht geleistet werden. »Wenn einer zwei Stationen in der Nachtschicht zu versorgen hat, ist eine solche Fürsorge unmöglich«, weiß Barbara Schoppmann.

Welcher Hospizbegleiter einen Menschen in den Stunden, Tagen, manchmal auch Wochen oder Monaten vor seinem Tod begleitet, wird nicht dem Zufall überlassen. Bei einem Erstbesuch wird ausgelotet, welcher ehrenamtliche Helfer zu dem passt, der seine Hilfe braucht. »Wir haben da inzwischen ein ganz gutes Gespür«, sagt die Hospizleiterin, »und wenn die ›Chemie‹ nicht stimmt, dann suchen wir so lange, bis es passt.« Wichtig sei dabei, die Wünsche des Sterbenden zu erspüren und zu respektieren. Tatsächlich reagiert jeder anders auf ein solches Hilfsangebot. Der eine ist gleich sehr herzlich und aufgeschlossen, der nächste eher reserviert. Der eine will sich unterhalten oder möchte, dass ihm aus der Zeitung vorgelesen wird. Der andere will seine Ruhe, will gar nicht reden, aber auch nicht alleine sein. Der eine wird unter dem Einfluss von Schmerzen, Verzweiflung oder auch der Wirkung bestimmter Medikamente aggressiv, andere ziehen sich ganz in sich zurück und werden depressiv. »Manchmal braucht jemand einfach nur eine Berührung«, erklärt Barbara Schoppmann. »Wichtig ist, dass man sich immer so verhält, als würde der Betreffende alles mitbekommen. Das sagen wir auch Angehörigen immer wieder. In der Gegenwart eines Sterbenden, auch wenn er nicht mehr ansprechbar ist, muss man sich jederzeit so verhalten, als sei er wach.« Denn von Patienten, die das Bewusstsein – etwa nach einem Koma – wiedererlangt haben, weiß man, dass sie Gespräche und Berührungen sehr wohl mitbekommen, Stimmen und Schritte oft erkannt haben.

Wenn eine Versorgung zu Hause und mit Hilfe ambulanter Dienste trotz allem nicht mehr möglich sein sollte, weil die Linderung der Leiden intensiverer Behandlung bedarf, dann gibt es auch stationäre Hospizeinrichtungen, die mittlerweile auch von den Kranken- und Pflegekassen bezahlt werden. Aber nicht immer sind im Bedarfsfall Betten sofort verfügbar.

*

Hospizarbeit und palliative Versorgung sind sehr unterschiedlich strukturiert, verfolgen aber – mit unterschiedlichen Mitteln – im Prinzip die gleichen Ziele. Dabei geht es weder darum, das Leben eines Sterbenden zu verlängern, noch, es zu verkürzen. Das Leben, das noch bleibt, soll aber unter allen Umständen und bis zuletzt ein würdevolles sein. Die Hospizbewegung entstand vor Jahrzehnten aus der Mitte der Gesellschaft heraus. Sie hat das Sterben aus der Tabuzone herausgeholt und die Begleitung Sterbender sowie die Bedeutung der letzten Lebensphase wieder ins Bewusstsein gerückt. Das war damals, in den späten sechziger Jahren des zwanzigsten Jahrhunderts in England und in den achtziger Jahren in Deutschland, ein neuer, fast revolutionärer Umgang mit Sterben und Tod, der auch wichtige medizinische Entwicklungen angestoßen hat, die Palliativmedizin etwa.

Auch im Medizinbetrieb spielt die Mangelware Zeit eine zentrale Rolle. Sie wird zum kostbaren Gut, das fast unbezahlbar, weil schwer abzurechnen ist. »In vielen Krankenhäusern«, sagt Christine Schiessl, »ist es kein Problem, Herzen zu transplantieren oder die Schädeldecke zu öffnen. Aber Zeit, am Bett eines Patienten, gar eines Sterbenden zu sitzen, ihn zu fragen, was er braucht, und ihm zuzuhören, die bleibt oft nicht.«

Ich habe das auch bei meinen Eltern erlebt. Mein Vater ist im Krankenhaus gestorben, meine Mutter hat kurz vor ihrem Tod 14 Tage dort verbracht, auf »normalen« Stationen. Da waren fürsorgliche Krankenschwestern und Pfleger, kompetente und engagierte Ärzte. Aber sie bewegten sich in einem so arbeitsverdichteten System, in so eng getakteten Zeitkorridoren, dass eigentlich kein Raum blieb, zu fragen: Wie geht es Ihnen? Wie fühlen Sie sich? Wo tut es weh? Was kann ich tun, damit Sie sich besser fühlen?

Meine Mutter lebte da seit Jahren schon in einer Welt »außerhalb der Zeit«, wie sie es einmal selbst beschrieben hat. Ihre Alzheimer-Erkrankung hatte ihre Erinnerungen schon lange weggewischt, und ich war der letzte vertraute Mensch, den sie noch erkannte – meistens jedenfalls. Wenige Wochen vor ihrem Tod musste sie operiert werden. Über mehrere Tage hinweg hatte sich angedeutet, dass irgendetwas mit ihr nicht stimmte. Sie aß fast nichts mehr, klagte über Unwohlsein, konnte das aber nicht weiter präzisieren oder verorten. Das ist Teil der Tragödie von dementen Menschen, dass ihnen die Möglichkeit genommen ist, ihre Befindlichkeiten auszudrücken und Schmerzen zu lokalisieren. Eine vage Handbewegung war ihre Antwort auf unser drängendes Fragen. Die Untersuchungen ergaben nichts. Wir waren ratlos. Doch dann ging es ganz schnell. Ich wurde im Büro informiert, dass meine Mutter auf dem Weg ins Krankenhaus sei. Fünf Stunden später, mitten in der Nacht, lag sie im OP: Ein Magengeschwür war durchgebrochen, der gesamte Mageninhalt hatte sich in die Bauchhöhle ergossen. Es bestand akute Lebensgefahr. Den nächsten Tag, sagten mir die Ärzte, hätte meine Mutter nicht überlebt. Ich hielt ihre Hand, bis sie in den Operationssaal gerollt wurde und wollte wieder bei ihr sein, als sie aufwachte. Ich stellte mir vor, wie verwirrend und beängstigend diese ganze Situation für sie sein musste. Der sehr fürsorgliche und engagierte Arzt, der sie operiert und mich auch in der Nacht ausführlich über ihren Zustand informiert hatte, brachte mich morgens in den Aufwachraum. Ich fand sie dort hellwach und sehr aufgeregt und spürte, wie erleichtert sie war, in dieser fremden Umgebung endlich jemanden zu sehen, der ihr vertraut war und mit ihr redete. Sie fragte nach ihrem Mann und war beunruhigt, wer sich denn nun um ihre Kinder kümmere, wo sie nicht da sei. Immer wieder wollte sie sich von den Schläuchen und Kabeln an Armen und Körper befreien. Ich konnte sie davon abhalten, redete ruhig auf sie ein und erklärte ihr wieder und wieder, was es mit all diesen »Strippen«, über die sie sich beschwerte, auf sich hatte. Aber dann kam der Schichtwechsel und mit ihm eine neue Krankenschwester, die mich hochkant aus dem Aufwachzimmer warf. Ich hätte hier nichts verloren, sie habe die Verantwortung, und meine Anwesenheit sei störend. Ich erinnere mich noch an den verwirrten Gesichtsausdruck meiner Mutter, als ich den Raum verlassen musste. Stunden später durfte ich sie auf der Station besuchen und fand sie völlig entkleidet und hilflos vor, sie hatte sich alle Kanülen aus dem Körper gerissen und lag wie ein Häuflein Elend in ihrem blutverschmierten Bettzeug. Ich mache hier niemandem einen Vorwurf, alle auf dieser Station waren ausgesprochen nett und bemüht, aber sie hatten einfach keine Zeit gehabt, nach einer verwirrten Patientin zu schauen, die nicht wusste, wie sie nach Hilfe rufen sollte. Das System ist auf solche »Sonderfälle«, die mehr als »nur« der medizinischen Versorgung bedürfen, nicht eingerichtet.

Ich war zwar jeden Tag bei ihr, aber immer nur stundenweise. Und das war auch so, als zwei Jahre zuvor mein Vater im Krankenhaus im Sterben lag. Die Ärzte dort waren allerdings viel weniger entgegenkommend und hilfreich gewesen. Damals hatte ich mich genauso hin- und hergerissen gefühlt zwischen Beruf, Familie und der Betreuung meiner Mutter, die zu diesem Zeitpunkt schon in einem Pflegeheim lebte. Ich war ständig im Eilschritt unterwegs von einem zum anderen, das schlechte Gewissen und Schuldgefühle im Gepäck. Mein Vater war viel allein in dieser Zeit, in einem sterilen Krankenzimmer mit kahlen Wänden nur mit dem Foto seiner Enkel, einem Bild, das eine Freundin für ihn gemalt hatte, einem Sträußchen Blumen und ab und zu ein bisschen Bach vom CD-Player. Ich werde immer noch traurig bei dem Gedanken, wie viele Stunden er da einsam gelegen hat, medizinisch zwar ver-, aber eben nicht um-sorgt. Hätten wir ihn doch nach Hause holen und auf die ganze Hightech-Medizin verzichten sollen?

Immer wieder hatte ich während meiner Besuchszeiten versucht, mit den Ärzten über die Situation meines Vaters zu sprechen, denn es war klar, dass es zu Ende ging. Welche Therapien waren jetzt noch sinnvoll, was war der »beste« Weg, ihm sein Sterben zu erleichtern? Aber nie hatte einer Zeit für mich – in einer halben Stunde, hieß es immer, vielleicht. Und dann war der Arzt doch wieder bei einem anderen wichtigen Termin oder im OP. Vieles wurde entschieden, wenn ich nicht da war und über den Kopf meines Vaters hinweg. Keiner hielt es für nötig, einmal in Ruhe mit ihm zu bereden, was *er* eigentlich wollte. Noch eine Magenspiegelung, noch eine Röntgenaufnahme, noch einmal durch die gesamte Mühle. Die Laborwerte gaben vor, wie die Situation gehandhabt würde, nicht die Wünsche und Bedürfnisse meines Vaters. Bis er die Dinge selbst in die Hand nahm und sich Gehör verschaffte: »Schluss!«, sagte er vier Tage vor seinem Tod und lehnte eine Weiterbehandlung mit Antibiotika und jede Form der künstlichen Ernährung für sich ab. Er wollte nicht länger ausgeliefert sein, wohl wissend, dass er damit seinen Tod beschleunigte.

Auch Simone de Beauvoir fragte sich nach dem Tod ihrer Mutter: »Wie entsetzlich muss es sein, sich als wehrloses Etwas zu fühlen, ganz der Willkür teilnahmsloser Ärzte und überlasteter Krankenschwestern ausgeliefert. Keine Hand auf der Stirn, wenn das Entsetzen sie packt; kein trügerisches Geplapper, mit dem das Schweigen des Nichts übertönt wird.«[20]

## Wort an Wort

Wir wohnen Wort an Wort
Sag mir Dein liebstes Freund
Meines heißt DU
Rose Ausländer

Ein Mensch braucht, um sich aus dem Leben verabschieden zu können, nicht nur medizinische Hilfe. Sondern vor allem Zuwendung und Kommunikation, die Möglichkeit zu Selbstreflexion und zur Auseinandersetzung mit wesentlichen Fragen. Und das ist nicht nur für den Sterbenden lebens- oder besser sterbenswichtig, auch für den Zuhörenden kann ein solcher Austausch lohnend sein. Diese Gespräche seien unvergleichlich, sagt auch die Palliativmedizinerin Christine Schiessl. Die Atmosphäre, die Energie in einer solchen Situation, sei so dicht, wie sonst kaum in unserem »normalen« Alltag. »Wenn ich das, was ich hier erfahre, auf meine eigenen Lebensziele und Werte übertrage, dann war jedes dieser Gespräche für mich ein kostbares Geschenk.«

Eine Erfahrung, die auch ich gemacht habe. Die Gespräche mit meinem Vater in den letzten Wochen vor seinem Tod waren so intensiv und tiefgehend wie nur selten davor. Da fielen Schranken, die sonst zwischen den Generationen, zwischen Eltern und ihren Kindern oft unüberwindlich erscheinen. Wir haben über wirklich alles geredet, über Gott und die Welt und über sehr persönliche Dinge wie Reue und Schuld, wie Ängste und die Dinge, die ihm und mir Halt und Kraft und Trost gegeben haben.

Eine solche Nähe und Offenheit kann uns aber auch Angst machen, so sehr, dass wir sie vielleicht gar nicht zulassen. So viel Unausgesprochenes schwingt da mit, gerade zwischen Menschen, die sich nahestehen. Manchmal auch falsch oder missverstandene Fürsorge, der Wunsch, den anderen zu schonen, wenn Schonung eigentlich gar nicht mehr möglich oder sinnvoll ist. »Da gibt es immer wieder das Phänomen, dass Angehörige sich gegenseitig schützen wollen«, berichtet Christine Schiessl. »Der Patient sagt nicht, wie schlecht es ihm geht und was er von uns weiß, weil er die Ehefrau nicht belasten will. Und die Ehefrau bittet mich auf dem Gang, nichts zu sagen, weil sie ihrem Mann Sorgen und Ängste ersparen möchte. Beide spielen Theater und reden über alles Mögliche, über Fußball oder das Wetter, aber nicht über das, was vielleicht tatsächlich wichtig wäre.«

So kann aus wohlgemeinter Rücksichtnahme, dem Wunsch, den anderen zu schonen, zwischen Sterbenden und Zurückbleibenden eine trennende Wand aus Schweigen entstehen, genau dann wenn beide Seiten Vertrauen und Offenheit am dringendsten brauchen.

Ich erinnere mich an eine Frau, Mitte oder Ende fünfzig vielleicht, mit der ich während meiner Chemotherapie in einem Krankenzimmer saß. Zu viert oder fünft hingen wir da jede an ihrem Tropf und sagten manchmal über Stunden kaum ein Wort, dann wieder redeten wir über Entspannungsmethoden oder alternative Therapien, von denen wir gehört oder gelesen hatten. Und manchmal sprachen wir auch über die familiäre Situation, darüber, wie Kinder und Ehepartner mit der Krankheit klarkamen. Diese Frau stand völlig unter Schock. Nicht nur wegen ihrer Krebserkrankung und der Auskunft der Ärzte, dass man sie nur noch palliativ behandeln, also nicht mehr heilen könnte. Auch die Begleiterscheinungen der Chemo machten ihr zu schaffen.

Aber das, was sie völlig aus dem Gleichgewicht brachte, das, was ihr mehr als alles andere den Boden unter den Füßen wegzog, war das Verhalten ihres Mannes. Natürlich war auch er bestürzt über die schlechte Prognose, und sie hatte ihn einmal auch weinen sehen, heimlich, als er dachte, sie sei in einem anderen Zimmer. Aber mit ihm zu reden war unmöglich. Jedes Mal, wenn sie davon anfing, was noch zu regeln sei, was vielleicht auf sie zukäme und wie beide damit umgehen könnten, war er völlig verschlossen und wandte sich ab, als wolle er fliehen. Wenn sie traurig war und weinte, tätschelte er hilflos ihre Hand und sagte nur »das wird schon wieder«, »Ärzte können sich auch irren« oder »du wirst sehen, in ein paar Jahren lachen wir darüber«.

Er brachte ihr Blumen und versorgte sie, wenn sie nach der Chemo völlig erschlagen im Bett lag und nichts tun konnte. Er kümmerte sich um die Einkäufe, ums Kochen, um den Abwasch. Er erzählte von seiner Arbeit im Büro, von interessanten Meldungen aus der Zeitung, fragte, worauf sie Appetit hätte. Nur über das, was für beide eigentlich allgegenwärtig war, verlor er kein einziges Wort. Irgendwann sagte auch sie nichts mehr, weil sie merkte, wie ihn das belastete. Die Frau fühlte sich ausgerechnet von dem Menschen, der ihr am nächsten stand, völlig unverstanden und verlassen und nutzte die Stunden mit ihren Leidensgenossinnen, um endlich über das zu sprechen, was sie wirklich beschäftigte.

Auch Ava hat mit ihrer Familie in Afghanistan über ihre Krankheit jahrelang nicht gesprochen. Ihrer Mutter verschweigt sie bis heute, dass sie schwer krank ist, sie will die alte Frau schonen, stellt aber auch immer wieder fest, dass »man« in ihrem Land über eine Krankheit wie Krebs einfach nicht spricht. »Das ist in unserer Kultur ein absolutes Tabu«, sagt sie. In ihrer Heimat wird das Wort noch nicht einmal in der eigenen Sprache in den Mund genommen, so als brächte es Unglück über den, der es ausspricht. Wenn es sich gar nicht vemeiden ließe, darüber zu reden, dann werde der englische Begriff »cancer« verwendet.

Ihrer Schwester, mit der sie immer ein besonders enges, vertrautes Verhältnis hatte, hat sie vor zwei Jahren davon erzählt. Aber selbst sie, eine Ärztin, würde inzwischen sofort abblocken, wenn bei einem Telefonat die Sprache auf Avas Erkrankung käme. »Sie fängt sofort an zu weinen, sagt, dass sie für mich betet und bestimmt alles gut wird. Dabei weiß sie doch, dass das nicht stimmt.« Es ist schon so schwer für sie, so weit weg von zu Hause zu sein, aber in solchen Momenten fühlt sie sich besonders allein und entwurzelt.

Wenn eine Wahrheit nicht als solche anerkannt wird, wenn Menschen, die einem nahestehen, die Realität einer schweren, todbringenden Krankheit einfach ignorieren, dann kann der Betroffene das als Vertrauensbruch empfinden. Diejenigen, die doch eigentlich zu einem halten sollten, lassen ihn vermeintlich im Stich. So empfindet das auch der kleine leukämiekranke Oskar in Eric-Emmanuel Schmitts wunderbarem Büchlein *Oskar und die Dame in Rosa*. Er hat nur noch wenige Wochen zu leben und weiß das. Und er weiß auch, dass seine Eltern es wissen, aber die fliehen vor dieser Tatsache und damit letztlich auch vor ihrem kleinen Sohn. Er fühlt sich verraten: »Warum sagen sie mir nicht ganz einfach, dass ich sterben werde? (...) Sie fürchten sich vor mir. Sie trauen sich nicht, mit mir zu reden. Und je weniger sie sich trauen, umso mehr komm ich mir wie ein Monster vor.« Den Eltern fehlt schlicht der Mut, mit ihrem Kind zu sprechen, er soll sie nicht in diesem Zustand sehen. Aber für Oskar ist dieses Leugnen und die Vermeidung des Kontakts zu ihm kaum zu ertragen. Er sieht nicht die Verunsicherung und Verzweiflung seiner Eltern, sondern nur ihre Feigheit, und er fühlt sich von ihnen in seiner Krankheit nicht mehr angenommen. »Meine Krankheit ist ein Teil von mir«, sagt der kleine Junge, oder »können sie nur einen Oskar liebhaben, der gesund ist?«[21]

»Auch das ist unsere Aufgabe«, sagt Christine Schiessl, »das Gespräch zwischen Menschen in Gang zu bringen, die sich noch so viel zu sagen haben, aber oft nicht wissen, wie.« Hier sind die Psychologen der multiprofessionellen und auch multikulturellen Palliativteams gefordert. Und da gilt besonderes Augenmerk auch den Angehörigen, die sich durch die Krankheit und den nahen Tod eines geliebten Menschen Herausforderungen gegenübersehen, von denen sie manchmal völlig überfordert sind. Sie sind meist die wichtigsten Unterstützer des Sterbenden, Ansprechpartner für alle zentralen Fragen, sie müssen für die Familie das Geld verdienen, finanzielle Belastungen tragen, manchmal mit neuen Aufgaben auch eine ungewohnte Rolle übernehmen. Sie sind selbst betroffen, und doch bleibt im Lauf einer schweren Erkrankung für sie keine Zeit und kein Raum. In der Palliativbehandlung können sie oft zum ersten Mal über die eigenen Sorgen und Ängste sprechen.

»Kommt, reden wir zusammen, wer redet, ist nicht tot«, heißt es in einem Gedicht von Gottfried Benn. Und tatsächlich ist Reden, ist Kommunikation lebenswichtig. Reden ist Medizin, kann Leid lindern und trösten, wenn »richtig« geredet wird.

In seinen Vorträgen, die ich häufig gehört habe,

spricht der Mediziner Matthias Volkenandt über die zentrale Bedeutung der Kommunikation zwischen Ärzten und Patienten. Seine Erkenntnisse können aber auch auf jede andere Form der Kommunikation unter Menschen übertragen werden. Ich will nur zwei seiner Merksätze nennen, die ganz einfach sind und mir schon in etlichen Gesprächen mit anderen hilfreich waren. Zum einen der Satz »Fragen kann nicht schaden«, zum anderen die Erkenntnis »gute Gespräche dauern nicht länger als schlechte Gespräche«.

Wenn wir uns also schon die Zeit nehmen, miteinander zu reden, dann soll es sich wenigstens lohnen. Dann wollen wir über das reden, was wichtig ist, uns auf den anderen einlassen und vor allem fragen. Denn fragen ist wichtiger als selber reden. Und das gilt fürs Gespräch über den letzten Spanienurlaub genauso wie fürs Reden über Sterben und Tod.

# Was passiert beim Sterben?

Der Tod ist das Tor zum Licht.
Franz von Assisi

»Ich war in einem Raum, der aber eigentlich gar kein Raum war, sondern ein großes, unendliches Nichts. Und alles war grün, grün und neblig. Da war kein Boden, kein Untergrund, nichts Greifbares, nur dieses verrückte Grün. Ich konnte mich selber sehen, von oben hinten links, aber eigentlich von allen Seiten, aus jeder Perspektive. Es war, als hätte ich tausend Augen, mit denen ich alles beobachtete. Ich trug eine Jeans, meine Lieblingsschuhe und ein weißes Hemd mit roten Streifen. Jedes Detail konnte ich erkennen. Am Ende dieses Nichts war eine Tür mit schwarzen Zargen, ein Torbogen, und dahinter leuchtete ein Licht, das ich nicht mit Worten beschreiben kann. Dieses Licht zog mich magisch an, ich wollte nur noch dorthin, ich schwebte ihm entgegen, auf drei Gestalten zu, die dort auf mich zu warten schienen. Aber ich konnte sie nicht erkennen. Sie waren schwarz, aber nicht böse oder finster. Sie waren so dunkel, weil sie ja vor diesem unglaublich hellen Licht standen, wie Schattenrisse. Ich habe nur noch den Weg dorthin, auf dieses Licht zu, gesehen. Meinen Körper konnte ich spüren, aber er war mir lästig, ich wollte ihn loswerden, er schien mich aufzuhalten, zurückzuhalten. Und je näher ich kam, desto wunderbarer war dieses Gefühl von Glück. Es war das Schönste, was ich jemals empfunden habe.«

Ist so der Übergang zum Tod? Liegt er jenseits dieser Pforte? Ist Sterben ein solches Hinübergehen ins Licht? Ein Moment unvorstellbaren Glücks? Tarik, von dem diese Sätze stammen, ist überzeugt davon. Was so mystisch, fast psychedelisch klingt, war ein Nahtoderlebnis, das er nach einem schweren Unfall hatte. Seither, sagt er, habe er die Angst vor dem Tod verloren.

Es war eine fröhliche Geburtstagsparty gewesen, bei einem Freund seiner Schwester, in einer Wohnung im vierten Stock eines Münchener Altbaus. Gegen halb zwei morgens löste sich die Gesellschaft allmählich auf, der Gastgeber musste am nächsten Morgen früh raus. Seine Schwester war schon unten, erinnert sich Tarik, während er sich oben noch mal festgequatscht hatte. »Tarik«, rief sie, »komm endlich! Das Taxi ist da!« Er verabschiedete sich eilig, die Tür klappte hinter ihm zu – und das ist das Letzte, das er von dieser Nacht noch weiß.

Erst viel später erfuhr er, was damals passiert ist. Tariks Schwester hatte unten im Hausflur ungeduldig auf ihn gewartet. Dann hatte sie erst schnelles Laufen auf der Treppe gehört und danach nichts mehr – Stille. Sekundenbruchteile später schlug ihr Bruder vor ihr auf den Steinboden auf. Ein anderer Gast konnte berichten, dass Tarik eilig die Treppe an ihm vorbei hinuntergelaufen war, dann plötzlich ins Straucheln kam, über das Geländer stürzte und verschwand. Sechs Meter war Tarik in die Tiefe gestürzt, auf den Kopf, vor die Füße seiner Schwester. Er habe mit offenen Augen dagelegen und gelächelt, erzählte sie ihm später, und aus seinem Kopf sei Blut gelaufen. Für sie war das damals ein wahr gewordener Alptraum, der sie heute noch verfolgt. Bei Tarik ist das alles aus dem Gedächtnis gelöscht, auch die entsetzlichen Schmerzen, die er gehabt haben muss, denn seine Verletzungen waren massiv: fünf Knochenbrüche alleine im Gesicht, Schädelbasisbruch, gebrochene Rippen und abgerissene Sehnen. Zum Glück war das Krankenhaus ganz in der Nähe, fünf Tage lang haben die Ärzte dort um sein Leben gekämpft. Wenn er jemals wieder zu sich kommen würde, hatten sie Tariks Familie gesagt, dann müssten sie damit rechnen, dass er nicht mehr er selbst, dass er geistig stark eingeschränkt sein würde.

Irgendwann in diesen Tagen muss er sein Nahtoderlebnis gehabt haben, und er ist immer noch überwältigt, wenn er davon erzählt. Ein Erlebnis sei das gewesen, für das die Sprache keine Worte bereithält. Was ihm da widerfahren ist, sei mehr-, sei überdimensional gewesen, etwas, das man eigentlich mit allen Sinnen vermitteln müsste, weil jede Beschreibung hinter dem zurückbleibt, was er tatsächlich erlebt habe.

Tariks Schilderungen decken sich in vielen Punkten mit den Nahtoderlebnissen anderer Menschen. Solche Phänomene sind schon in der Vergangenheit beschrieben worden. In den letzten Jahrzehnten allerdings häufen sie sich, seit es der Intensivmedizin immer öfter gelingt, Menschen von der Schwelle zum Tod ins Leben zurückzuholen – nach einem Herzstillstand, Schädel-Hirn-Traumata oder Komplikationen bei einer Operation.

Über die Jahrhunderte hinweg, überall auf der Welt gleichen sich die Beschreibungen. Man kann wohl davon ausgehen, dass dieses Erleben nicht an kulturelle Gegebenheiten, an religiöse Vorstellungen, Alter oder Geschlecht gebunden ist, sondern ein physiologischer oder psychologischer Prozess ist, der bei allen Menschen in einer solchen Situation ähnlich abläuft. Bei allen Unterschieden im Detail ist immer von diesem hellen, leuchtenden Schein, von Lichtvisionen die Rede. Manche rasen diesem Licht durch einen dunklen Tunnel entgegen, andere beschreiben ein Schweben in völliger Ruhe und Gelassenheit. Häufig begegnen sie Gestalten, manchmal sind es verstorbene Angehörige, die auf sie warten. Und immer ist da dieses unbeschreibliche Glücksgefühl, das alles völlig durchdringt, ein Empfinden von Liebe und Erfüllung, das keinem irdischen Gefühl gleiche. Viele berichten davon, sie hätten ihren Körper verlassen und von oben auf sich selbst herabgeschaut, auf dem Operationstisch, im Krankenbett auf der Intensivstation mit all den Apparaten und Schläuchen. Sie konnten berichten, was während des Nahtoderlebnisses mit ihnen geschehen ist, sogar Situationen in anderen Räumen schildern. Andere sahen eine Art Lebensfilm, in dem die wichtigsten Momente der Vergangenheit noch einmal blitzartig an ihnen vorübergezogen seien, eine Art Lebenspanorama im Zeitraffer. Manche erlebten es als Seelenflug, andere wie eine Vision, als einen Zustand, in dem sich das Bewusstsein völlig vom Körper gelöst habe, aber fast alle haben es als völlig angstfreien Übergang empfunden, als eine Sterbeerfahrung, die ihnen die Furcht vor dem Tod genommen hätte.

Sind das nun Halluzinationen, Wahnvorstellungen oder Rauschzustände, ausgelöst durch Sauerstoffmangel im Gehirn oder die Ausschüttung von körpereigenen Opiaten wie Stresshormonen? Eine Reihe ernstzunehmender, seriöser Wissenschaftler, die sich mit dem Phänomen der Nahtoderfahrung intensiv befasst hat, hält solche Erklärungen nicht für ausreichend. Vielleicht verstehen wir das Gehirn einfach noch nicht gut genug, um solche Erlebnisse wirklich erklären zu können, meint beispielsweise der niederländische Kardiologe und Wissenschaftler Pim van Lommel. Aus seiner Sicht ist das menschliche Bewusstsein nach wie vor ein Rätsel, über dessen Entstehung wir bis heute nicht wirklich viel wüssten. Nahtoderlebnisse, räumt van Lommel ein, seien zwar kein wissenschaftlicher Beleg dafür, dass es ein Leben nach dem Tod gebe. »Dennoch«, sagt er, »haben mich persönlich die Nahtoderfahrungen der Patienten davon überzeugt, dass unser Bewusstsein unabhängig von unserem Körper existieren kann, auch nach dem Tod.«[22]

Der menschliche Verstand gerät bei dieser Frage nach dem »Danach« an seine Grenzen. Aber nur, weil uns die Vorstellungskraft dazu fehlt, heißt das noch lange nicht, dass es da nichts gibt. Wie lange glaubten die Menschen, die Erde sei eine Scheibe, von deren Rand aus man ins Nichts stürzen würde? All diejenigen jedenfalls, die ein Nahtoderlebnis hatten, sind davon überzeugt, dass es ein »Danach« gibt und dass sie schon einmal einen Blick »hinüber« werfen konnten. Auch Tarik hat keinen Zweifel: »Was ich erlebt habe, das hatte nichts zu tun mit den Halluzinationen oder den euphorischen Zuständen, die man vielleicht während eines Drogenrauschs hat«, sagt er. »Und, glaub mir, ich kann das beurteilen …« Das sei etwas gewesen, das viel größer sei als alles, was wir uns im normalen Leben vorstellen könnten. Und eigentlich wäre er gern dageblieben, an diesem Ort, der für ihn das reine, vollständige Glück bedeutet habe. Irgendwann während seines Nahtoderlebnisses, als er diesem hellen Schein entgegengeschwebt sei, habe die Bewegung auf das Licht zu aber plötzlich gestoppt und er habe sich von dem Torbogen zurückgezogen, ohne es zu wollen. »Ich habe mich trotzdem nicht gewehrt. Ich wusste einfach, dass ich zurückmuss. Und das war keine sinnliche Wahrnehmung, da hat keiner etwas gesagt, es war eher eine Eingebung. Ich musste eben zurück. Leider.«

Weil seine Verletzungen so dramatisch und die Schmerzen so unerträglich waren, hatte man ihn zeitweise in ein künstliches Koma versetzt. Seine Schädeldecke musste zum Teil ersetzt werden. Heute schützt statt des Knochens eine Plexi-Acrylglas-Platte Teile der linken Gehirnhälfte. Unter seinen Haaren ist alles gut versteckt, aber wenn man darüberstreicht, fühlt man eine Kante.

Wann er das erste Mal wieder richtig aufgewacht ist, daran kann sich Tarik nicht erinnern. Er war wohl immer mal wieder kurz ins Bewusstsein aufgetaucht und dann wieder in einen Dämmerzustand zurückgeglitten. Was er sehr gut weiß, ist, dass der Weg zurück lang und sehr beschwerlich für ihn war. Er hat für diese Rückkehr ins Leben gekämpft und so hart gearbeitet, wie niemals zuvor, sagt Tarik. »Das hat mich unendlich viel Kraft gekostet, aber mein Starrsinn hat mir geholfen.«

Dass er heute wieder ein weitgehend normales Leben führen und in seinem Beruf arbeiten kann, grenzt an ein Wunder. Manchmal hat er noch Probleme mit der Orientierung, das Gefühl, dass seine »Festplatte überläuft«, wenn zu viele Reize auf ihn einstürmen. Um sich sicher zu fühlen, muss er heute sehr diszipliniert leben. Alles braucht seinen festen Platz, Überraschungen sind noch eine Herausforderung für ihn, und er muss mehr auf sich achten als früher. »Aber das sind Kleinigkeiten gegen das, was mir meine Rückkehr ins Leben in den Monaten nach dem Unfall abverlangt hat.«

Was diese Erfahrung in seinem Leben verändert hat? »Alles!«, sagt Tarik. »Ich habe andere Prioritäten. Ich sage heute klar, was ich will, und vor allem, was nicht. Mein Leben ist ein Geschenk, und ich will es nur noch mit Menschen und Dingen verbringen, die mir wirklich etwas bedeuten.« Für Gejammer und Ärger über irgendwelche Lappalien habe er keinen Nerv mehr, keine Geduld für die Kleingeistigkeit mancher Menschen, die nicht wissen, was wichtig ist. Und auch das ist eine Erfahrung, die er mit anderen nach einem Nahtoderlebnis teilt. Viele haben ihr Leben völlig umgekrempelt, haben ihre Werte und Lebensziele neu bestimmt. Und der Tod hat seinen Schrecken verloren.

Für Tarik ist das Thema momentan weit weg: Er hat seine »große Liebe« gefunden und meint, vielleicht sei er ja zurückgeschickt worden, um sie zu erleben. Er genießt jeden Augenblick so intensiv wie nie zuvor. Von Todessehnsucht also keine Spur. Aber wenn es dann einmal so weit wäre, würde er sich auf den Tod freuen. Er wisse nun ja, wie schön und glücklich der Moment des Sterbens sei, kurz davor sei er gewesen, habe kurz hinüberspicken können und erlebt, welches helle Licht da auf ihn warte. »Ich glaube, wenn wir tot sind, kehren wir zum Wesentlichen zurück.«

Ist der Tod also eine Rückkehr? Eine Heimkehr vielleicht zu einem Zustand, in dem wir waren, bevor es uns gab? Viele sehen Geborenwerden und Sterben als Teil eines Kreislaufs, häufig werden Parallelen gezogen zwischen Geburt und Tod, denn es sind die einzigen Ereignisse, die unumstößlich jeden Menschen betreffen.

Und so sieht auch Sterbebegleiterin Barbara Schoppmann ihre Arbeit ganz ähnlich der einer Hebamme: »Wir können den Menschen in dieser Situation nicht abnehmen, durch diesen Prozess hindurchzugehen, mit allen Ängsten und Schmerzen. Aber wir können sie unterstützen, können ihnen helfen, auf ihrem Weg weiterzukommen und einfach für sie da sein.« Wie dieser Weg im Einzelnen aussieht, wie lange er dauert, ist sehr unterschiedlich. Es gibt vielleicht so etwas wie Wegmarken entlang der Strecke, die sich ähneln, aber für jeden werden sie anders sein, der eine wird sie bewusst wahrnehmen, der andere mag sie verdrängen. Weil das Sterben letztlich so individuell ist, können wir nur eine ungefähre Vorstellung davon erlangen, was während dieser Schlussphase des Lebens passiert.

## Vom Festhalten und Loslassen

> Dunkel ist die Nacht und mein Herz ist voller
> Furcht, doch ich will die Lampe aufnehmen,
> meine Tür öffnen und ihm Willkommen bieten.
> Dein Bote ist es, der vor meiner Türe steht.
> Rabindranath Tagore

In einem Gespräch, das ich mit Karl Kardinal Lehmann, dem Bischof von Mainz, über das Sterben führte, erzählte er mir von einem Krankenhausaufenthalt vor vielen Jahren und seiner Unterhaltung mit einer jungen Krankenschwester. Täglich hatte sie mit Schwerstkranken und Sterbenden zu tun, und es beeindruckte ihn, wie gefasst sie ihre schwierige Arbeit bewältigte. Als er sie fragte, was Menschen das Sterben denn erleichtere, was es ihrer Erfahrung nach brauche, um ruhig aus dem Leben gehen zu können, war ihre Antwort einfach und klar: »Ach wissen Sie«, sagte sie ihm, »es ist nicht mehr so schwer, wenn die Menschen erst einmal loslassen können.«

Das Loslassen ist also ein entscheidender letzter Schritt. Und es ist ein Wort, das wir auch in Begriffen wie »Ge-lassenheit« oder »Er-lösung« wiederfinden. Der Mensch muss sich von allem lösen, muss alles lassen: Besitz, Macht, Ansehen, die Menschen, die er liebt, sein »Ich«, seine gesamte Existenz. Es bleibt ihm nichts. Das Zugehen auf den Tod ist deshalb immer ein Ringen, ein Kampf, genährt vom Wunsch, das Leben festzuhalten. Aber ein ruhiger, ein guter Tod ist leichter, wenn man am Ende einwilligen kann in das, was mit einem geschieht. Das ist kein einfacher Weg, sondern ein komplexer Prozess, der sich in verschiedenen Phasen vollzieht.

Die Ärztin Elisabeth Kübler-Ross geht von fünf Phasen des Sterbens aus, die von jeweils bezeichnenden emotionalen Reaktionen geprägt seien: In der ersten Phase des Nicht-wahrhaben-Wollens und der Isolierung kann der Sterbende die Tatsache seines bevorstehenden Todes noch nicht akzeptieren. Er wehrt sich dagegen und leugnet die Fakten. Er hält die tödliche Diagnose für einen Irrtum oder klammert sich daran, dass schon noch rechtzeitig ein rettendes Medikament gefunden wird.

In der zweiten Phase spielt die Wut eine zentrale Rolle, der Zorn darüber, dass es einen getroffen hat, während andere verschont bleiben. »Warum ich?«, fragen sich die Betroffenen in dieser Phase, oder: »Warum muss ich so jung sterben, und jemand, der schon so alt ist, vielleicht sogar sterben will, darf weiterleben?«

Nach diesem Sich-Aufbäumen beginnt der Sterbende in der dritten Phase zu verhandeln, jetzt wird mit dem »lieben Gott« oder dem Schicksal gefeilscht: »Lieber Gott, wenn ich das doch überstehe, dann ändere ich mein Leben, gebe ich mein ganzes Geld für einen guten Zweck …«

Nach einer Zeit der Depression und Trauer, der vierten Phase, in der dem Menschen klar wird, dass alles zu Ende geht, er alles verlieren wird, er sich damit abfinden muss, dass sein Leben so und nicht anders war, kommt schließlich die letzte Phase: die Zustimmung. Jetzt ist der Sterbende bereit, den bevorstehenden Tod anzunehmen, in ihn einzuwilligen.

Über dieses Phasen-Modell von Elisabeth Kübler-Ross[23] ist viel diskutiert worden. Vielen erscheint es unzureichend, weil es das Sterben als linearen Prozess beschreibt. Sterbebegleiterin Barbara Schoppmann nimmt dieses Modell als Hilfskonstrukt durchaus ernst, tatsächlich erlebten viele Sterbende solche hoch emotionalen Zustände von Aggression, Depression und Akzeptanz. Aber selten würden Menschen im Zugehen auf den Tod alle diese Phasen durchlaufen, jedenfalls nicht sicht- und spürbar und fast nie in dieser Reihenfolge.

Auch für die Psychotherapeutin Monika Renz, die Hunderte von Menschen beim Sterben begleitet hat, bleibt das Phasen-Modell von Kübler-Ross »hinter dem Geheimnis des Sterbens zurück«[24]. Sie sieht Sterben als einen Prozess der Wandlung. Das »Ich« zieht sich zurück und geht nach und nach verloren. Alles ichbezogene Empfinden und Denken (ich sehe, ich fühle, ich habe Angst, ich habe Schmerzen) löst sich auf, und der Sterbende wechselt in einen anderen Bewusstseinszustand, zu einer anderen Wahrnehmungsweise. Dieser Wandel vollzieht sich wie jeder seelisch-geistige Prozess aber nicht geradlinig, sondern sprunghaft und wechselt, so Monika Renz, zwischen drei Zuständen, zwischen denen sich der Sterbende mehrfach hin und her bewegt: Der erste Zustand ist das »Davor«. Es ist die Phase des Abschiednehmens, des allmählichen Rückzugs, eine Zeit von Schmerzen, Durst und Übelkeit, die für den Betroffenen, aber auch für Angehörige und Sterbebegleiter bedrohlich und besonders aufwühlend ist. Hier »hilft nur die ›Kapitulation‹ – einwilligen, loslassen, aufgeben«, sagt Monika Renz.

Das Loslassen findet nach ihrem Sterbemodell in der zweiten Phase des »Hindurch« statt, das mit einer Geburt vergleichbar ist. Der Mensch geht über eine unsichtbare Bewusstseinsschwelle mehrfach hin und her. Es ist ein Zustand, der nach außen meist nur durch körperliche Symptome wahrgenommen wird, mit »Schaudern, Schwitzen, Frieren« und einer »Urangst«. Das Zeitgefühl verändert sich, die Umgebung wird unwichtiger. Oft wird in dieser Phase von Desorientierung, Verwirrung und Wahnvorstellungen berichtet. Aber ein Mensch, der stirbt, denkt nicht mehr rational und logisch, und entsprechend wird manches, was er sagt, für uns verwirrend klingen. Aber nur, weil wir ihn nicht mehr verstehen, heißt das nicht, dass der Sterbende etwa schon weggetreten oder im Delirium ist. In diesen ersten beiden Phasen kann die Palliativmedizin eine wichtige und entscheidende Hilfe sein, bis hin zur vorübergehenden Sedierung, um diesen »Durchgang« zu erleichtern.

Im letzten Stadium vor dem Tod tritt der Sterbende in eine Phase der Ruhe und Gelassenheit ein. Das »Danach« ist ein Zustand, in dem eine völlig andere, eine sehr friedvolle Atmosphäre herrscht, eine Stimmung jenseits der Zeit. »Darum«, sagt Monika Renz, »sind diese Momente ewig.«[25]

Tatsächlich habe ich vieles beim Abschied von meinem Vater so oder ähnlich erlebt, neben der körperlichen Auflösung auch diesen Prozess des Bewusstseinswandels, das Überschreiten einer Schwelle in einen Zustand jenseits von Angst und Schmerz. Die letzten Stunden mit meinem Vater sind mir als etwas im Gedächtnis geblieben, das ich nicht fassen und beschreiben kann.

## Gibt es ein »Danach«?

Der Tod ist ein Spiegel, in dem der ganze Sinn des Lebens reflektiert wird.
Sogyal Rinpoche

Meine Mutter war eine sehr kluge Frau und liebevolle Mutter, mit der ich stundenlang über alles sprechen konnte, was mich bewegte. Und so haderte ich sehr mit ihrer Alzheimer-Erkrankung, die mir meine Mutter im Laufe der Jahre mehr und mehr nahm. Dieser schleichende Abschied war nicht einfach – für keinen von uns. Anfangs hat auch meine Mutter mit aller Kraft gegen den Verfall angekämpft, sich ihm zornig widersetzt, aber irgendwann hat sie ihre Niederlage demütig hingenommen. Ich selbst war dagegen manchmal richtig wütend darüber, dass sie nicht mehr der Mensch für uns sein konnte, der sie jahrzehntelang gewesen war, ich habe sie schrecklich vermisst. Irgendwann aber habe ich begriffen, dass alle Versuche scheitern mussten, sie in unsere Welt zurückzuholen. Die schönsten gemeinsamen Momente haben wir zuletzt immer dann erlebt, wenn es mir gelungen ist, in ihre Welt vorzudringen, in diese Welt ohne Erinnerungen, die trotzdem nicht leer, sondern voller Empfindungen und Eindrücke war. Mein Bruder Georg beschrieb das in seiner Ansprache bei der Beerdigung unserer Mutter als eine »Gestaltung der

Welt nach eigenen Regeln«, als eine Welt, in der Gegenwart und Vergangenheit eins waren für sie und in der sie glücklich war.

Je mehr es uns gelungen ist, ihre Krankheit zu akzeptieren, desto deutlicher konnten wir erkennen, dass sie sich bis zuletzt treu und eigentlich immer sie selbst geblieben ist, voller Würde und Freundlichkeit. Ihre Möglichkeiten, uns ihr Innenleben zu zeigen, die Fähigkeiten, sich auszudrücken, waren eben nur sehr eingeschränkt. Sie hat in ihrer kleinen Malgruppe heiter-beschwingte und sehr ausdrucksvolle Bilder gemalt, hat bis wenige Monate vor ihrem Tod noch Klavier gespielt, und zwar mit Hingabe und sehr differenziertem Ausdruck. Ihr »Schlager«, wie sie immer sagte, war die A-Dur-Sonate von Mozart, das Andante Graziosa – wir haben das Stück im Trauergottesdienst noch einmal für sie gespielt.

Manchmal überraschte sie uns bis zum Schluss mit Formulierungen, die wie Sternschnuppen aus dem Himmel zu fallen schienen, wie kleine helle Lichter in dunkler Nacht. Ich erinnere mich zum Beispiel an ein Gespräch mit ihr über das, was nach dem Tod wohl sein würde. Ich fragte sie, was sie denn glaube, wo die Menschen seien, die gestorben wären. »Im Himmel«, sagte sie sofort. Und auf meine Frage, was das denn sei, der Himmel, antwortete sie: »Der Himmel ist für mich kein Ort, sondern ein Zustand.«

*

Was also bedeutet der Tod? Ist er Ende, Vernichtung, der letzte allumfassende Verlust? Oder gibt es ein Danach?

Dies sind zentrale Fragen, um die Religionen, Mythologien und die Philosophie kreisen, seit der Mensch seine eigene Sterblichkeit erkannt und die Unvermeidbarkeit des Todes begriffen hat. Viele spirituelle Traditionen vermitteln die Vorstellung von einem »Danach« und geben den Menschen damit die Zuversicht, dass der Tod eben nicht das Ende ist, sondern eine Verwandlung, der Eintritt in eine andere Wirklichkeit. Mit dem Versprechen, dass danach etwas kommt, nimmt sie die Ungewissheit und damit die Angst. Der Psychiater C. G. Jung hat die Religion deshalb als »kompliziertes System zur Vorbereitung auf den Tod«[26] beschrieben.

Schon im alten Ägypten war der Tod nur eine Station im Übergang in eine andere Existenz. Der Tote wurde in ein ewiges Leben hineingeboren und die Seele zu ihrem Ursprungsort zurückgebracht. Nach der griechischen Mythologie lebten die Toten als Schatten in der Unterwelt weiter und führten ein Leben ohne Freude, aber auch ohne Leid, nachdem sie aus dem Fluss Lehte getrunken hatten, dem Fluss des Vergessens. Auch Platon war von der Unsterblichkeit der Seele überzeugt und verstand den Tod als ihre Trennung vom Körper, als Befreiung aus einem Gefängnis. Und die Swanen, ein georgisches Bergvolk, fühlen sich mit ihren Toten eng verbunden und glauben, dass sie nur durch eine dünne Wand von ihnen getrennt sind.

Viele Religionen und Mythen kennen die Vorstellung von einem Paradies, das häufig als Schlaraffenland oder als blühender Garten beschrieben wird. Ebenso verbreitet ist allerdings auch das Bild von Fegfeuer und Hölle, einem düsteren Ort der Hoffnungslosigkeit, an dem Menschen entsetzliche Qualen erdulden müssen, als Strafe für ein verfehltes Leben. Die Hölle ist also eine Mahnung an die Lebenden, bewusst und verantwortungsvoll zu leben.

Einer Studie der Bertelsmann-Stiftung aus dem Jahr 2012 zufolge glauben in Deutschland übrigens zwei Drittel der Menschen an ein Leben nach dem Tod. Interessanterweise sind es vor allem die Jüngeren unter dreißig, die in diesem Glauben sicherer und gefestigter sind als die Älteren.

Sosehr die Kernfragen nach Tod und Sterben die verschiedenen Kulturen und Religionen verbinden, so unterschiedlich sind doch die Vorstellungen von dem, *was* uns danach erwartet. Östliche Religionen sehen die menschliche Existenz als immerwährenden Kreislauf. Der Tod ist etwas Selbstverständliches, dem man sich nicht entziehen kann, sagt der Dalai Lama. Er sieht »den Tod eher so, wie wenn man Kleider wechselt, wenn sie alt und abgetragen sind, und nicht als letztes Ende«[27].

Im tibetischen Buddhismus ist der Tod schon in der regelmäßigen Sterbemeditation, der »Phowa«, allgegenwärtig. Sie soll den Geist auf diesen Übergang vorbereiten und im Moment des Todes das Loslassen erleichtern. Leben und Tod sind danach Teile eines großen Ganzen, wobei mit dem Tod nur ein neues Kapitel aufgeschlagen wird. Nach der Lehre des *Tibetischen Totenbuchs*, einer Schrift aus dem 8. Jahrhundert, gibt es eine Abfolge von Übergängen, sogenannter »Bardos«: Auf Leben folgen Sterben und Tod, danach der Zustand zwischen Tod und Wiedergeburt, und schließlich beginnt mit der Wiedergeburt ein neues Leben und so fort.

Dieser immerwährende Zyklus, das »Samsara«, wiederholt sich so oft, bis der Zustand der Erleuchtung erreicht ist. Dann erst kann die Seele endgültig verlöschen – dieses Verlöschen oder Verwehen heißt übersetzt »Nirwana«. Nach buddhistischer Vorstellung ist der Tod einerseits eine leidvolle Erfahrung, andererseits aber ist er ein »eigenartiges Grenzgebiet des Geistes, ein Niemandsland«, sagt der tibetische Meditationsmeister Sogyal Rinpoche, das »die Möglichkeit grenzenloser Freiheit bietet«[28]. In diesem Moment sind die Grenzen des Bewusstseins aufgehoben und der Geist frei und aufnahmefähig wie sonst nie. Deshalb ist dieser Moment so besonders wichtig, denn in welcher gedanklichen Verfassung ein Mensch stirbt, wird Einfluss auf seine Wiedergeburt haben.

Während wir in den westlichen Kulturen die Reinkarnation als Möglichkeit sehen, in einem nächsten Leben all das nachzuholen, was wir im bisherigen vielleicht versäumt haben, erleben Buddhisten und Hindus sie als Verhängnis. Auch im Hinduismus strebt der Gläubige eine Überwindung dieses Kreislaufs, nämlich »Mokscha«, die Erlösung, an. Der Tod wird als ein Erwachen aus einem Leben in Täuschung verstanden. Was den Hindu oder Buddhisten danach erwartet, das hängt davon ab, wie er während seines Lebens gehandelt hat, denn jedes Handeln hat Folgen, »Karma«, und so werden sich gute wie schlechte Taten auf das nächste Leben auswirken. Es kommt also darauf an, gut und richtig zu leben, um einen guten Tod und ein gutes Karma für das nächste Leben zu haben. Damit wird der Tod zu einem »Spiegel, in dem der ganze Sinn des Lebens reflektiert wird«[29].

In den großen monotheistischen Weltreligionen Judentum, Christentum und Islam ist die Vorstellung vom »Danach« die von einem Leben nach dem Tod und der Auferstehung der Toten. Im Judentum allerdings entwickelte sich die Vorstellung davon erst allmählich. Ein langes, glückliches Leben galt als Zeichen eines im Einklang mit Gott geführten Lebens. Der gläubige Jude war und ist auf das Diesseits konzentriert und hat die Aufgabe, sein Leben so gut wie möglich zu nutzen. Bis heute ist ihm vor allem wichtig, in seinen Nachkommen weiterzuleben. Nach dem Tod gibt der Mensch seine Seele an Gott zurück und erwartet dann seine physische Auferstehung, die erfolgen wird, wenn der Messias kommt. Deshalb gilt auf jüdischen Friedhöfen ein ewiges Ruherecht, damit die Toten dort ungestört auf ihre Rückkehr ins Leben warten können.

Nach den Vorstellungen des Islam ist der Tod ein entscheidender Schritt auf dem Weg zu Gott. Er ist nichts Negatives, kein Ende, sondern ein Ortswechsel. Er wird nicht als Strafe verstanden, sondern als Befreiung von den Prüfungen des Lebens. Nach dem Tod beginnt auch nach dem Islam für die Toten die Wartezeit bis zum Jüngsten Gericht, das sich durch eine gewaltige kosmische Katastrophe ankündigt. Dann kommt der Tag der Abrechnung, an dem Allah selbst jede Seele richten wird. Auf einen frommen Moslem wartet danach das Paradies – ein Ort des Friedens und des Glücks –, auf den Ungläubigen dagegen endlose Qual.

Nach den Überlieferungen des Christentums gehörte der Tod ursprünglich nicht zum Leben, sondern kam erst durch den Sündenfall in die Welt, als Adam den verbotenen Apfel vom Baum der Erkenntnis aß und aus dem Paradies vertrieben wurde. Seither sind Gott und die Menschen voneinander getrennt und werden erst im Tod wieder zusammengeführt. Die Sterblichkeit ist also ein Unheil, von dem Christen aber erlöst sind durch den Tod Jesu, der für alle Menschen am Kreuz gestorben und wieder auferstanden ist. Er hat damit den Weg für alle Menschen frei gemacht für das Ewige Leben. »Im Haus meines Vaters gibt es viele Wohnungen«, verspricht Jesus. »Ich gehe, um einen Platz für Euch vorzubereiten«, heißt es bei Johannes (14, 1–3).

## Ich bin da

Der Tod ist der Moment einer letzten Entscheidung, einer letzten Geburt.
Karl Kardinal Lehmann

In unserer modernen, von religiösen Bindungen immer stärker losgelösten Welt ist solcher Glaube bei vielen Menschen aber – wenn überhaupt – nur noch rudimentär vorhanden. Kirchliche und religiöse Riten verschwinden mehr und mehr aus unserem Alltag. Im Angesicht des Todes spüren Sterbende dann oft eine große Unruhe, sie fühlen sich unsicher, allein mit ihren Ängsten und seelischen Qualen. Es sind häufig Gefühle von Schuld und Versagen, die Trauer um versäumte Gelegenheiten und Sorgen um die, die man zurücklässt, die Todkranke peinigen. Und manchmal beschwört die Überzeugung, dass der Tod das Ende ist, plötzlich eine tiefe Furcht vor dem Nichts herauf.

Aber solche Ängste und Zweifel kennen keineswegs nur diejenigen, die nicht an einen Gott glauben. Sie können durchaus auch Gläubige befallen, weiß Karl Kardinal Lehmann. Es sei durchaus nicht so, dass Sterben für sie leichter sei. Angesichts der Auslöschung seines irdischen Seins kann jeder Mensch verzweifeln. »Da kann man ganz nah am Unglauben sein.«

Seine Eltern sind nach einem langen und erfüllten Leben gestorben, beide in den Achtzigern. Aber beim Tod seiner Mutter war er in Istanbul und erhielt die Nachricht telefonisch. Das habe ihm sehr zugesetzt, sagt er. Und sein einziger Bruder, jünger als er, musste viel zu früh gehen. Vor fünfzehn Jahren starb er innerhalb weniger Wochen einen schrecklichen Krebstod und hinterließ eine Familie mit Kindern. Da hadert auch ein gläubiger Christ mit dem »Skandal des Todes«, auch ein Kardinal, der dem Tod schon oft begegnet ist – als Angehöriger, aber auch als Seelsorger und Begleiter, als Theologe und Philosoph, als Verzagter und als Hoffender. »Auch ich muss mich in jeden einzelnen Tod, jeden Abschied hineinfinden«, sagt Kardinal Lehmann. »Auch für mich ist der Tod ein Rätsel, das man vermutlich nie entziffern wird.« Und auch er kennt die Fragen: »Wo bist Du, Gott? Wo bist Du, wenn Unrecht geschieht? Wo bist Du in schwerer Krankheit? Wo bist Du, Gott, im Tod?«

Für meinen Vater war der Glaube sein Leben lang ein wichtiger Begleiter. Als gutkatholischer Schwarzwälder Bub gehörten Gebete und der sonntägliche Kirchgang zu seiner Kindheit so selbstverständlich dazu wie Essen und Trinken. Schon bei seiner Mutter, meiner Großmutter, hatte ich erlebt, wie viel Stärke und Zuversicht sie aus ihrem Vertrauen in Gott und ihren Glauben zog. Sie war das, was man einen »frohen Christenmenschen« nennen würde. Ich kann mich allerdings noch an ein Gespräch erinnern, ein, zwei Jahre vor ihrem Tod, als sie ernsthaft krank war und ganz blass fast zwischen den Kissen verschwand. Wir redeten darüber, woran sie glaubte und was nach dem Tod wohl sein würde. Und da fragte sie mich aus heiterem Himmel: »Was, wenn das alles gar nicht stimmt?« Mich hat ihr plötzlicher Zweifel damals richtig erschüttert, weil ich gedacht hatte, wenn einer sicher weiß, was ihn erwartet, dann ist das deine Odi. Welchen Raum diese Zweifel zuletzt bei ihr einnahmen, kann ich nicht sagen. Wir haben nie mehr davon gesprochen. Aber ihr lieber Gott war gnädig mit ihr. Sie ist während eines Mittagsschläfchens gestorben in Vorfreude auf die Fernsehübertragung eines Fußballspiels.

Bei meinem Vater bin ich fast sicher, dass auch er von Zweifeln heimgesucht wurde, Glaubenskrisen kannte. Aber Glauben hieß für ihn Vertrauen und er hatte sich dafür entschieden, zu vertrauen. Als ich ihn wenige Tage vor seinem Tod fragte, ob er Angst habe, reagierte er sehr gelassen: Nein, Angst habe er nicht. Er gehe davon aus, dass sich sein Glaube erfüllen werde. Und dann setzte er noch, fast flapsig, hinterher: »Wenn nicht, dann bekomme ich es sowieso nicht mehr mit.«

Am Tag vor seinem Tod allerdings bat er mich, ihm ein Gedicht vorzulesen, ein Gebet von Justus Delbrück, der als Mitglied des Widerstands gegen Hitler 1944 von der Gestapo verhaftet wurde, aber erst nach dem Krieg in einem russischen Internierungslager starb. Es ist ein Ruf nach Hilfe, der von Untröstlichkeit und Zweifeln, aber auch von Hoffnung zeugt.

In den Tiefen, die kein Trost erreicht,
lass doch deine Treue mich erreichen.
In den Nächten, da der Glaube weicht,
lass nicht Deine Gnade von mir weichen.
Auf dem Weg, den keiner mit mir geht,
wenn zum Beten die Gedanken schwinden,
wenn die Finsternis mich kalt umweht,
wollest du in meiner Not mich finden.

Wenn die Seele wie ein irres Licht
flackert zwischen Werden und Vergehen,
wenn des Geistes Kraft in mir zu nichts zerbricht,
wollest du an meinem Lager stehen.
Wenn ich deine Hand nicht fassen kann,
nimm die meine doch in deine Hände,
nimm dich meiner Seele gnädig an.
Führe mich zu einem guten Ende.

Für Karl Kardinal Lehmann liegt die Suche nach Antwort im Gebet und der Trost im Wort Gottes, dessen Name Yahweh bedeutet »ich bin da« und der verspricht: Ich bleibe immer bei dir (Psalm 73, 23). »Wir sind nicht allein, nie. Die Frage ist nur, kann man diese Antwort annehmen, ist man bereit, sie zu hören?« Manchmal sind wir schwerhörig, manchmal auch vergesslich. Und auch ein im Glauben verwurzelter Mensch erliegt immer wieder, wie wir alle, der Versuchung, den Tod zu verdrängen. »Manchmal«, sagte mir Kardinal Lehmann in unserem Gespräch, »ertappe ich mich auch bei diesem Gefühl, dass alles doch immer weitergeht. Dann muss ich mich zur Ordnung rufen und mir sagen: Nimm den Tod ernst!« Wir können ihn nicht ausradieren, wir können ihn nicht umgehen, müssen uns ihm vielmehr stellen. Jede Begegnung mit dem Tod ist deshalb eine Aufforderung an die Lebenden, ein gutes Leben zu führen, die Erinnerung: Du kannst noch etwas ändern, du kannst noch umkehren, du hast noch Zeit! »Gemeint ist aber nicht eine leere Zeit, sondern eine Zeit, die du füllen und produktiv umsetzen musst, solange du sie noch hast«, sagt Kardinal Lehmann. »Denn unser Tun hat Gewicht, auch über den Tod hinaus.« Es ist die Zeit, uns zu fragen: Was ist mein Ziel? Was will ich erreichen? Dabei zählt auch der gute Wille, selbst wenn man sein Ziel nicht erreicht, selbst wenn man scheitert. Dass man die gute Absicht hatte, fällt ebenso in die Waagschale wie die Reue darüber, falsch gehandelt zu haben. Das ist Lehmanns Verständnis nach auch die Bedeutung des »Fegfeuers«, das man sich aber »nicht als einen Ort vorstellen darf. Es ist ein Bild für den Moment der Erleuchtung und der Reinigung, dem jeder im Augenblick seines Todes ausgesetzt ist.« Noch einmal wird sich der Mensch selbst gegenübergestellt. Noch einmal kann er sich in diesem Augenblick fragen: Was war gut? Was war falsch? Und er kann bereuen. »Da findet eine letzte Entscheidung statt, zwischen Licht und Dunkel, zwischen Ja und Nein. Es ist eine letzte Geburt, und dann steht der Mensch ganz nackt vor Gott.« Beim großen Weltgericht am Ende der Zeit findet die letzte Konfrontation jedes Menschen mit sich selbst statt, mit seiner eigenen Wahrheit, mit den Konsequenzen seines Lebens.

Auch im Christentum kommt mit dem Tod also nicht die einfache »Instant-Erlösung«. Es gibt keinen Freifahrtschein ins Ewige Leben, für niemanden. Und nach christlichem Verständnis ist das Leben nach dem Tod auch nicht einfach eine Verlängerung des Diesseits, kein Trost und Ersatz für all das, was wir in unserem hiesigen Leben vielleicht verpasst haben, was uns verwehrt geblieben ist. Auch wer ewiges Glück erwartet, wird enttäuscht, denn was ist schon Glück, und kann es überhaupt von Dauer sein? Der Mensch kann doch nie aufhören, sich nach etwas zu sehnen, kaum ist ein Bedürfnis befriedigt, schafft er sich schon ein neues. »Ein erreichtes Paradies«, sagt Kardinal Lehmann, »hört von selbst auf, eines zu sein.« Die Ewigkeit verspricht nach christlichem Verständnis also nicht einfach einen weiteren Superlativ. Nach der Verheißung der Bibel ist es etwas, das »kein Ohr je gehört« und »kein Auge je gesehen hat« (1 Korinther 2, 9). Es ist das Versprechen, dass der Tod nicht das letzte Wort hat, dass er nicht das Ende, sondern eine Verwandlung ist, dass Gott den Tod auf immer vernichtet (Jesaja 25, 8).[30]

An dieses Versprechen ist auch der Gedanke von der Auferstehung geknüpft: Es ist nicht einfach alles vorbei, wir gehen nicht unter. Auch da verweist Kardinal Lehmann auf die Bildkraft der Sprache. »Bleiben wir bei der Alltagsbedeutung und der Vorstellung, die das Wort ›aufstehen‹ in uns auslöst: Ich stehe wieder auf, wenn ich geschlafen habe oder krank gewesen bin. Der Mensch will immer wieder aufstehen, er lässt sich nicht unterkriegen, er ist im Wesen ein Aufständischer.« Aufstehen und Auferstehen nach dem Tod heißt: Es ist nicht zu Ende, es geht weiter – und Gott ist immer da. »Im Tod«, sagt Kardinal Lehmann, »kommen wir nach Hause. Wie im Gleichnis vom *Verlorenen Sohn* werden wir in die Arme genommen und erfahren: Du bist jetzt daheim, du bist sicher und gerettet.«

*

Mein Vater hatte mir mehrfach gesagt, dass ihm wichtig sei, noch einmal einen Pfarrer zu sehen und die Krankensalbung und das Viaticum, die Wegzehrung, zu erhalten. Für Sonntagvormittag war der Besuch eines Priesters angekündigt, aber schon Stunden vorher war mein Vater nach Schmerzen und viel Unruhe unter Morphium in einen friedlichen Dämmerzustand gefallen. Ich hielt seine Hand, die er ab und zu drückte, und ich wusste, dass dies meine letzten Stunden mit ihm waren. Es war eine sehr besondere, ganz ruhige Stimmung im Raum, als sich die Tür öffnete und der Pfarrer hereinkam. Im gleichen Moment drückte mein Vater meine Hand und bewegte die Lippen. Ich weiß, er hatte auf den Priester gewartet. Er erhielt die Krankensalbung, die nach katholischem Glauben dem Sterbenden Stärkung und Aufrichtung im Leid schenken soll und das Vertrauen auf das Ewige Leben. Anschließend bekam er die Sterbekommunion als Wegzehrung für seine letzte Reise. Weil er sie selbst nicht mehr zu sich nehmen konnte, wurde die Hostie auf seine Lippen gelegt, und anschließend habe ich sie für ihn empfangen. Aufgehoben in diesem uralten kirchlichen Ritual habe ich diesen Augenblick als unendlich traurig und gleichzeitig wunderbar tröstlich empfunden.

Bevor er ging, sagte der Pfarrer noch zu mir: »Wissen Sie, oft können Menschen nicht sterben, wenn ihre Angehörigen im Raum sind, weil es ihnen schwerfällt, sie zu verlassen. Seien Sie also nicht traurig, wenn er sich genau dann verabschiedet, wenn Sie nur für einen Moment aus dem Zimmer gegangen sind. Lassen Sie ihn einfach gehen.«

Als wir allein waren, habe ich meinem Vater gesagt, es sei nun alles gut und er könne gehen, wann immer er wolle. Zwei Minuten später hat er aufgehört zu atmen, und obwohl mein Impuls war, ihn festzuhalten und zurückzuholen, habe ich ihn gehen lassen.

Mein Vater hat gerne gelebt, und ich weiß, dass er gern noch ein bisschen mehr Zeit gehabt hätte. Aber die Demut, in der er das Unvermeidliche akzeptiert, die Tapferkeit, mit der er die Qualen seiner letzten Wochen ertragen hat, haben mir ebenso Mut gegeben wie die

Erinnerung an seinen friedlichen und würdevollen Tod. Diese Erinnerungen werden mich auf meinem Weg ans gleiche Ziel begleiten.

Meine Mutter hat den Tod meines Vaters aufgrund ihrer Alzheimer-Erkrankung nie verinnerlicht, zumindest nicht nach unserer Wahrnehmung. Jedes Mal, wenn wir versuchten, ihr verständlich zu machen, dass er gestorben war, geriet sie darüber so außer sich, dass wir es irgendwann auf sich beruhen ließen. Bis zuletzt hat sie ihren Mann gesucht, bei allem, was ihr Freude bereitete, sagte sie, »das wird Oskar auch gefallen«, und wenn sie bei uns zu Hause war, drängte sie irgendwann immer zum Aufbruch, weil Oskar sicher schon auf sie wartete. Manchmal habe ich sie fast darum beneidet, dass es den Tod für sie einfach nicht mehr gab, sie hatte ihn vergessen und so blieb ihr die Angst vor ihm ebenso erspart wie der Schmerz der Trauer und des Abschieds. Ich hoffe, sie hat ihren Oskar gefunden. In meiner Erinnerung jedenfalls sind sie für immer vereint.

# Trauer und Neuanfang

Trauer bedeutet, im Exil zu leben,
sein Zuhause verloren zu haben.
David Grossmann

Als meine Eltern starben, erst mein Vater, zwei Jahre später meine Mutter, fühlte ich mich völlig entwurzelt. Das Gefüge, das mir seit meiner Kindheit Halt und Sicherheit gegeben hatte, gab es nicht mehr. Ich war mutter- und vaterseelen-allein, verzweifelt wie ein kleines Kind, das nach Mama und Papa weint.

Die Intensität dieses Schmerzes hat mich überrascht, denn meine Eltern hatten ein respektables Alter erreicht, und beide waren sie schwerkrank gewesen. Ihr Tod war langsam gekommen. Von meiner Mutter hatte ich mich über Jahre verabschiedet, Stück für Stück, während sie allmählich in diese andere Welt ohne Vergangenheit, ohne Erinnerung hinüberglitt. Ich dachte, ich sei vorbereitet, aber ich war es nicht. Mit meiner Mutter habe ich den Menschen verloren, der von der ersten Sekunde meiner Existenz an immer bei mir war, mit meinen Eltern die beiden, denen ich verdanke, auf der Welt zu sein. Dass es sie nicht mehr gibt, bedeutet, dass ich kein Kind mehr bin, niemandes Kind mehr sein werde, und das macht mich heute manchmal noch ganz verzweifelt.

Wie können wir den Schmerz ertragen, wenn ein geliebter Mensch gestorben ist, wie weiterleben ohne ihn? Wie sollen wir einen neuen Anfang finden?

Ein so tiefgreifender Verlust überflutet diejenigen, die zurückbleiben, mit ungekannter Verzweiflung, in Wellen, immer wieder und wieder. Wie von einer Woge wird man mitgerissen, unter Wasser gedrückt, ein Gefühl, als würde man keine Luft mehr bekommen.

In seinem Buch *Aus der Zeit fallen* führt der israelische Schriftsteller David Grossmann den Leser an diesen schrecklichen, einsamen Ort der Trauer, den alle Zurückgelassenen kennen. Er nennt ihn »Land der Verdammung« und beschreibt eine Welt der »Dunkelstille«[31], ohne Worte, ohne Farben, in der es keinen Trost und keine Zeit zu geben scheint.

Grossmanns Sohn Uri war im August 2006 in den letzten Tagen des Libanon-Kriegs gefallen, zwei Wochen vor seinem 21. Geburtstag. Wenige Tage davor hatte sein Vater noch zusammen mit anderen israelischen Autoren in einem offenen Brief zu einem Ende des gegenseitigen Blutvergießens aufgerufen. Die Waffenruhe kam – zu spät für Uri und mehr als fünfzehnhundert andere, die in den 34 Tagen dieses Konflikts starben. Was für uns, wenn wir uns überhaupt noch daran erinnern, nur eine Randnotiz des Weltgeschehens war, hat für die Hinterbliebenen der Toten die Welt für immer verändert.

Der Abschied von einem Menschen, der unser Leben geprägt hat, stellt unsere Welt, wie wir sie bis zu diesem Zeitpunkt kannten, auf den Kopf. Es ist nicht nur legitim, dass wir das betrauern, Trauer ist wichtig. Sie ist der Weg, vielleicht der einzige Weg, der uns an den Punkt führt, an dem wir neu anfangen können.

Viele, mit denen ich über das Trauern gesprochen habe, wussten zu berichten, dass das Umfeld mit diesen starken, verzweifelten Gefühlen oft nicht gut umzugehen weiß. Dass die anderen denjenigen, die einen Verlust erlitten haben, häufig ausweichen. Oft fehlen die Worte. Manche fühlen sich unwohl mit Formeln und Redewendungen wie »Herzliches Beileid« und sagen deshalb lieber gar nichts. Dabei kann eine Formel schon erlösend sein oder einfach der Satz: »Ich weiß nicht, was ich sagen soll.« Damit fühlt sich ein Mensch, der einen Verlust erlitten hat, in seiner Not zumindest wahrgenommen.

Andererseits sind beruhigend und beschwichtigend gemeinte Sätze wie »nun ist er erlöst« oder »sie hatte doch ein gutes Leben«, »es war besser so« nicht unbedingt hilfreich, sie versuchen gutzumachen, was in diesem Augenblick einfach nicht gutzumachen ist. Selbst wenn es stimmt und der Verstorbene nun nicht mehr leiden muss, so ist da doch diese bohrende, pochende Wunde des Verlusts, die nur langsam heilen kann. Und das braucht Zeit.

Es kann schwer sein, die Verzweiflung, das Weinen, die ohnmächtigen Fragen eines Trauernden zu ertragen, sagt der Kapuzinermönch Paulus Terwitte, der häufig solche Gespräche mit Mitgliedern seiner Gemeinde führt. Es gehe darum, einfach zuzuhören, ohne fromme Worte und beschwichtigende, patente Antworten. Trösten heiße nicht, den Schmerz kleinzureden, den Trauernden um- oder fröhlicher zu stimmen, es bedeute einfach, seinen Schmerz auszuhalten.

Eigentlich scheint es doch eine Selbstverständlichkeit zu sein, einem Trauernden zur Seite zu stehen, aber Bruder Paulus kann da von anderen Erfahrungen berichten. Trauer, sagt er, passe nicht in unsere auf »Funktionsfähigkeit« ausgerichtete Gesellschaft. Wir brauchen die Schnellen, nicht diejenigen, die durch die Trauer langsam und bedrückt durchs Leben schleichen.

Auch Ursula hat mir erzählt, dass nach dem Tod ihres Sohnes viele Kollegen befremdet reagierten, wenn ihr plötzlich in einer Sitzung die Tränen über das Gesicht liefen, wenn sie den Raum verlassen musste, weil das Weinen sie regelrecht durchschüttelte. Trauern, das ist heute etwas Privates, etwas, das man versteckt und für sich in den eigenen vier Wänden erledigt. Die Trauer wird wegorganisiert, delegiert. Es gibt die Orte, an denen sie akzeptiert, und die Bereiche, aus denen sie verbannt ist. Am Grab – ja, im Büro – nein. Auch die Verzweiflung muss fein säuberlich da stattfinden, wo sie hingehört, und sollte, bitte schön, im zeitlichen Rahmen bleiben. Nach drei Monaten den Kummer immer noch nicht überwunden zu haben, das ist nicht akzeptabel.

Woran liegt das? Warum ist uns die Trauer anderer so unangenehm? Sie macht ratlos und ohnmächtig. Und sie konfrontiert einen mit der Angst vor der eigenen Sterblichkeit und drohendem Verlust. Wir haben verlernt, mit Verlust und Abschied umzugehen, sagt Paulus Terwitte. Wir wollen nichts hergeben, uns von nichts trennen. Wir wollen haben, Dinge bekommen.

Dabei ist aber auch das »Bekommen« oft Auslöser für eine Krise. Sich zu verlieben beispielsweise – was für eine Katastrophe! Ein bisher fremder Mensch nimmt plötzlich eine neue, zentrale Rolle im Leben ein. Und im Gepäck hat er nicht nur die faszinierenden, geliebten Charakterzüge, sondern auch jede Menge nerviger Eigenschaften. Plötzlich sind da seine Freunde, seine Familie, ein geschmackloses Möbelstück, ein Hobby, das ich ätzend finde … und das alles soll nun Platz in meinem Leben haben?

Ein Kind zu bekommen ist noch viel einschneidender. Das ganze Leben ändert sich – und zwar für immer.

Plötzlich trägt man Verantwortung für einen kleinen Menschen, den man bis eben noch gar nicht kannte. Man muss auf einmal alle eigenen Bedürfnisse zurückstellen: kein feuchtfröhlicher Zug durch die Gemeinde mehr, kein nächtliches Versacken in irgendeiner Kneipe, keine Rucksacktour durch Nepal oder Städtetrip nach London. Statt es sich abends mit einem Buch gemütlich auf dem Sofa zu machen, ist man mit einem Mal umgeben von Windeln und Spucktüchern, Schnullern und Milchfläschchen. Man tut nachts kaum noch ein Auge zu und verbringt die Tage im Zustand von Übermüdung und permanenter Alarmbereitschaft, immer gewappnet, dass das Baby zur nächsten Brüll-Session anhebt.

Etwas zu bekommen ist also im Grunde ganz ähnlich, wie etwas zu verlieren. Wir müssen unser gesamtes Leben neu ordnen, müssen uns verändern. Jedes Ende, jeder Neuanfang zwingt uns, unseren Standort neu zu bestimmen. In diesem Sinne sind Leben und Sterben eine permanente Einladung, eine Aufforderung, sich zu wandeln.

*

Wenn ein Elternteil stirbt, ist das ein radikaler Schnitt. Denn dann spüre ich, dass ich als Nächstes an der Reihe bin. Ich bin nicht mehr geschützt, wie es Hilde Domin in einem Gedicht über den Tod ihrer Mutter beschreibt:

> Eine alte Frau, die vor uns stand,
> war unser Winterschutz,
> unser Julilaub,
> unsere Mutter,
> deren Tod uns entblößt.

Man fühlt sich nackt ohne diesen Schutzwall, den die Generation unserer Eltern vor uns errichtet hatte und der mit ihrem Tod einbricht. Die Menschen, die immer bei uns waren, sind nicht mehr da, und plötzlich bin ich ein anderer, nicht mehr die Tochter oder der Sohn. Der Status ändert sich. Der Tod verändert gewohnte, oft schon lebenslang bestehende Konstellationen und zwingt uns und unsere Umgebung, unsere Bezugspunkte zu ändern.[32]

Ein System, dessen Gerüst zusammengebrochen ist, muss sich neu organisieren, die bestehende Ordnung ist durcheinandergeraten. Die Welt quillt in solchen Augenblicken aus den Kästchen, in denen wir sie so übersichtlich und fein säuberlich verstaut haben. Nichts scheint mehr zu passen. Die Veränderung einer Konstante zieht weitere Veränderungen nach sich. Eine solche Neuorientierung kann für die Betroffenen sehr schmerzhaft sein. Alles muss neu geordnet, die Verantwortung neu verteilt werden. Das ist anstrengend und beunruhigend. Familienzerwürfnisse sind nach Todesfällen keine Seltenheit. Konflikte, Eifersucht, Familiengeheimnisse oder Streit ums Erbe können völlig eskalieren. Es kann aber auch sein, dass die Neuorientierung Menschen wieder zusammenführt, die sich fremd geworden waren. Wandel ist ein Phänomen, das jedem lebendigen System zu eigen ist: Ändert sich ein Teil, muss sich alles ändern.

Ein wichtiger Teil dieses Prozesses ist das Trauern. Trauer zuzulassen fällt vielen Menschen schwer. Sie ist ein Gefühl, das man nicht kontrollieren, das uns in ganz unterschiedlichen Erscheinungsformen erfassen kann. In manchen Augenblicken rechnet man mit ihr, dann wieder schleicht sie sich unvermittelt an.

Ich erinnere mich, wie ich mit meinem Bruder die Wohnung unseres Vaters ausgeräumt habe. Es war belastend und traurig und unglaublich viel Arbeit. Jeden einzelnen Gegenstand mussten wir in die Hand nehmen und entscheiden: Wovon trennen wir uns, was wollen wir behalten? Es war, als lösten wir das Leben und die Vergangenheit unserer Eltern auf – und ein Stück weit unsere eigene. Unsere Eltern hatten alles Mögliche von uns aufgehoben: kleine vollgekritzelte Zettelchen aus der Zeit, als wir gerade schreiben lernten, selbstgemalte Bilder, eine uralte Einladung zu einem Familienfest oder die Briefe und Postkarten, die wir im Laufe der Jahrzehnte an sie geschrieben haben. Jedes Mal ein kleiner Aufschrei, wenn einer von uns etwas gefunden hat, und dann die Frage: »Weißt du noch?«

Diese Tage, die wir mit all den Dingen verbrachten, die unsere Eltern so lange Zeit begleitet und umgeben hatten, auch sie waren eine Zeit des aktiven Trauerns, des Loslassens. Aber auch eine Zeit des Neu-Erinnerns, des Bewahrens. Wir haben damals beide verschiedene Dinge mit nach Hause genommen. Ab und zu fällt mir noch ein Zettel mit der Handschrift meines Vaters oder meiner Mutter entgegen, wenn ich in einem ihrer Bücher blättere, oder in einem der alten Ordner nach irgendetwas suche. Es ist jedes Mal von neuem ein Abschiednehmen.

*

Trauer ist etwas sehr Individuelles und nicht immer nur ein sanftes, zurückgezogenes Leiden. Sie kann rabiat und verletzend sein, aggressiv und voller Wut. Man möchte die Zeit anhalten, weil einen jede Minute, jede Stunde, jeder Tag weiter von dem Menschen zu entfernen droht, den man verloren hat. Der eine gerät außer sich in seiner Verzweiflung, der andere verschließt sich und lässt niemanden mehr an sich heran. Die einen arbeiten gegen ihre Trauer an, die anderen laufen vor ihr weg. Trauer ist widersprüchlich: Man will seine Ruhe haben, eigentlich, aber doch nicht allein gelassen werden. Man will, dass die anderen fragen, und ist gleichzeitig doch unfähig, über die eigenen Gefühle zu sprechen. Diese widersprüchlichen Signale setzen nicht nur einem selbst zu, sondern auch dem Umfeld. Jeder hat Angst davor, etwas »falsch« zu machen, missverstanden oder zurückgewiesen zu werden.

Nach dem Tod ihres kleinen Sohnes lag Ursula nur noch im Bett, aß nichts mehr, wollte niemanden sehen, mit niemandem reden. Sie quälte sich mit Schuldgefühlen und spielte die letzten Stunden mit Julian endlos in Gedanken durch. Hatte sie etwas versäumt, falsch reagiert, ihn nicht richtig beschützt? Mann und Sohn trieben in dieser Zeit in einer Art Paralleluniversum dahin. Während sie sich völlig abschottete, verletzte es sie aber gleichzeitig, dass ihr Mann nicht über seine Gefühle redete, der Sohn gar fröhlich zu sein schien. Trauerten die beiden denn gar nicht? Warum musste nur sie ständig weinen?

Erst später konnte Ursula begreifen, dass auch das, was Mann und Kind durchlebten, Trauer war, nur eben ganz anders als ihre eigene. Ihr Mann hatte sie schützen, sie mit seinen Gefühlen nicht zusätzlich belasten wollen. »Wir kamen uns in manchen Momenten sehr nah, und dann lagen plötzlich wieder Welten zwischen uns. Das waren schwere Krisen, die wir da durchlebt haben. Mal waren wir kurz davor, uns zu trennen, dann haben wir uns wieder berappelt. Aber es ist auch etwas auf der Strecke geblieben.«

Viele Eltern trennen sich nach dem Tod eines Kindes, weil sich jeder in seine eigene Trauerwelt zurückzieht, weil der andere diese riesige Wunde nicht heil machen kann, weil der eine dem anderen unterstellt: Du trauerst weniger als ich, du hattest unser Kind weniger lieb als ich, mit so einem Menschen kann ich nicht mehr zusammenleben.

Aber nicht nur Erwachsene trauern unterschiedlich, auch Kinder tun das, und zwar auf ihre ganz eigene Weise. Der achtjährige Marco wollte nur fünf Tage nach dem Tod seines kleinen Bruders unbedingt Silvesterkracher und Raketen abfeuern. Seine Mutter war fassungslos: Wie konnte er spielen und lachen, ganz so als wäre nichts passiert? Kinder springen in eine Art »Trauerpfütze« – dieses Bild benutzen Kinderpsychologen, um den kindlichen Umgang mit Tod und Verlust zu verdeutlichen. Während Erwachsene ein Meer der Trauer durchqueren müssen, springen Kinder in diese Trauerpfützen. Mal sind sie klein und tief, dann wieder groß und flach. Mal stolpern die Kinder hinein und werden – im übertragenen Sinn – pitschnass. Dann wieder spritzt es nur ein bisschen, und sie gehen hindurch, fast ohne es zu merken.

Ursula war manchmal hilflos, wie sie mit Marco über den Tod seines Bruders sprechen, wie sie Zugang zu seinen Gefühlen finden sollte. Sie hat mir kleine Zeichnungen von damals gezeigt und ein Blatt, auf dem in der ungelenken Kinderschrift des Jungen Sätze stehen wie: »Ich bin traurig. Ein Platz ist frei. Es ist so still. Wir sind nur noch zu dritt.«

Und ein von ihm gemaltes Bild zeigt ein schreckliches

Ungeheuer. Darunter steht: »Der Tod ist ein schwarzer Fleck, in dem alles untergeht.« Marcos Schmerz und die Angst sind darin noch heute, so viele Jahre später, spürbar.

Kinder trauern in einer Radikalität, die Angst machen kann, aber nur für einen Moment, dann springen sie aus der Trauerpfütze wieder heraus, schütteln sich und spielen Lego oder Barbie und haben ihr großes Unglück wieder vergessen. Zum Glück, denn sonst würden ihre kleinen Seelen das nicht aushalten können. Kinder fühlen im Augenblick und machen sich die Tragweite des Verlustes nicht bewusst. Veränderung gehört zu ihrem Leben, alles ist noch neu, sie können sich leichter darauf einstellen. Das heißt nicht, dass ein solches Erlebnis nicht lange nachwirken, selbst ein Trauma daraus entstehen kann.

In seinem autobiographischen Roman *Eine Geschichte von Liebe und Finsternis* erzählt der israelische Schriftsteller Amos Oz ganz am Ende vom Selbstmord seiner Mutter und vom Umgang mit diesem Verlust. Er beschreibt die »Shiwa«, die im Anschluss an das Begräbnis von Juden zelebrierte Trauerwoche. Sieben Tage lang konzentrieren sich die nahen Angehörigen dann nur auf ihre Trauer, sitzen auf Stühlen und schauen vor sich hin. Die Tür des Hauses steht Tag und Nacht offen. Es kommen Verwandte, Gemeindemitglieder, Bekannte und versorgen die Trauernden mit Essen, Beileid, Zuspruch, Erinnerungen an den Verstorbenen oder sie sind einfach nur da, damit die Hinterbliebenen nicht alleine sind. Oz schildert dieses Ritual und auch, in der Zeit danach, die verschiedenen Phasen der Trauer. Er erzählt von der Trauer, die Menschen voneinander entfernt und Familien entzweit, von lähmender Lethargie, aber auch von unbändiger Wut und Todessehnsucht. Und davon, wie die Trauer ihn verändert hat. Sein Leben lang hat er von seiner Mutter und von dieser Zeit nie gesprochen – bis zum Schreiben dieser Seiten.

Als seine Mutter starb, war Amos Oz zwölf Jahre alt. Als er seine Erinnerungen aufschrieb, 62. Noch fünfzig Jahre später spürt man die Verstörung und Verzweiflung des Kindes von damals. Wäre er damals bei ihr gewesen, so schreibt er, in dem Zimmer, in dem sich die Mutter das Leben nahm, »hätte ich ihr bestimmt mit aller Kraft zu erklären versucht, warum sie das nicht tun dürfe. Und wenn es mir nicht gelungen wäre, es ihr zu erklären, hätte ich alles getan, um ihr Mitleid zu erregen, dass sie sich ihres einzigen Sohnes erbarme. Ich hätte geweint und gefleht, ohne jegliche Scham, hätte ihre Beine umklammert, und vielleicht hätte ich mich auch ohnmächtig gestellt oder mich geschlagen und gekratzt bis aufs Blut (…) Oder ich wäre wie ein Mörder über sie hergefallen, ohne Zögern hätte ich eine Vase gepackt und sie auf ihrem Kopf zertrümmert. Oder hätte sie mit dem Bügeleisen geschlagen, das auf einem Regal in der Zimmerecke stand. Oder hätte ihre Schwäche ausgenutzt und mich auf sie geworfen, ihre Hände hinter dem Rücken gefesselt und ihr all ihre Pillen weggenommen, all ihre Tabletten, Dragees, Lösungen, Essenzen und Sirups, und hätte sie allesamt vernichtet. Aber sie haben mich nicht dort sein lassen. Nicht einmal zur Beerdigung haben sie mich gehen lassen.«[33]

Die Trauer kann also ein Begleiter sein für lange Zeit …

Auch Marco trägt den Tod seines Bruders bis heute mit sich herum. Über zwölf Jahre ist das jetzt her, Jahre, in denen er immer wieder die Stunde durchlebt, in der der

Notarzt im Wohnzimmer um das Leben Julians kämpfte und er am Fenster stand, auf die Felder hinaus schaute und sich ganz elend fühlte. Plötzlich hatte er an all das denken müssen, das er dem kleinen Bruder angetan hatte: an Streitereien, bei denen er ihm Spielsachen einfach weggenommen oder an das eine Mal, als er ihn über den Teppichboden ins Nachbarzimmer geschleift hatte. Danach waren Julians Knie ganz aufgeschürft gewesen. Er hatte sich nicht mehr von ihm verabschieden, ihn nicht um Verzeihung bitten können. Das hat Marco lange gequält. Andererseits machte er seinen Bruder verantwortlich dafür, dass er anders war als die anderen – ängstlicher, vorsichtiger, zurückhaltender. Der, dessen Bruder gestorben war, mit dem man Mitleid haben musste, der immer so ernst und traurig schaute. »Manchmal habe ich damals gedacht: Wenn er nicht gewesen wäre, hätte alles normal sein können.« Andererseits ist Marco heute aber auch dankbar für alles, was er durch seinen kleinen Bruder gelernt und erfahren hat – für dessen inneres Leuchten und die Fröhlichkeit etwa, die der Junge ausstrahlte, trotz all der Schmerzen, die er ertragen musste. Rückblickend sieht Marco den langen und oft quälenden Prozess des Begreifens und Trauerns auch als etwas, woran er gewachsen sei. »Ich habe mich selber sehr gut kennengelernt, ich verstehe, warum ich bin, wie ich bin«, sagt Marco. Die Verzweiflung, in die Julians Tod die Familie gestürzt hat, habe ihm emotionale Bereiche erschlossen, die er sonst – wenn überhaupt – wohl erst viel später kennengelernt hätte. Und: Diese Erfahrungen hätten ihm ein besonderes Gespür für andere gegeben, gerade, wenn es um Trauer, Leid oder Verlust gehe, sagt er. »Ich interessiere mich für Menschen und für das, was sie bewegt.« Inzwischen studiert er Medizin und möchte

Psychiater werden. Er freut sich auf sein Leben, aber die Trauer, das weiß Marco, wird darin immer einen festen Platz haben.

*

Wie lange »darf« diese Zeit des Trauerns dauern, wie lange ist sie »normal«?

Diese Frage stellen sich viele Hinterbliebene. Die Vernunft sagt oft: Es war doch gut so, besser für ihn, er muss jetzt nicht mehr leiden, sie war doch sowieso dement, was hätte sie vom Leben noch gehabt? Aber Kopf und Gefühl ziehen nicht immer am gleichen Strang, und der Verlust, diese »Amputation«, verursacht auch nach Monaten, nach einem Jahr oder noch viel länger unsagbaren Schmerz.

Früher gab es Vorgaben, Rituale, die Trauernde beileibe nicht nur einengen oder gängeln, sondern sie vor allem stützen und schützen sollten. So war etwa ein zeitlicher Rahmen, gewissermaßen als »Schonfrist«, eingeräumt: das Trauerjahr. Man musste nicht schon nach ein paar Wochen wieder zur Tagesordnung zurückkehren und funktionieren, sondern hatte Zeit. In diesem Jahr konnten die Hinterbliebenen den Zyklus der Jahreszeiten und alle Festtage durchleben, Weihnachten, Silvester, die Geburtstage, alles einmal, das erste Mal, ohne den Verstorbenen überstehen.

Auch die schwarze Trauerkleidung sollte Hilfestellung bieten und deutlich machen: Dieser Mensch lebt in einem Ausnahmezustand, er ist verletzlich, wir müssen ihm oder ihr also mit Behutsamkeit und Respekt begegnen. Gleichzeitig war das Schwarz eine Möglichkeit, der eigenen Gemütsverfassung Ausdruck zu verleihen. Das dunkle äußere Erscheinungsbild spiegelte den inneren Zustand wider. Heute tragen viele nur noch bei der Beerdigung schwarz und manche noch nicht einmal da. Sie fühlen sich kujoniert und bevormundet durch einen Brauch, der ihnen sinnentleert erscheint. Dadurch aber nehmen sie in Kauf, dass sie in ihrer Trauer unsichtbar für andere werden.

Was aber kann man tun, wenn alte Rituale keine Bedeutung mehr für uns haben?

»In unserer individualisierten Gesellschaft muss letzten Endes jeder für sich herausfinden, was zu ihm und zu seiner Gefühlslage passt«, sagt die Hospizmitarbeiterin Barbara Schoppmann, die oft auch Angehörige in ihrer Trauer begleitet. Dabei hat sie häufig erlebt, dass Trauernde das Gefühl haben: »Wie sie's auch machen, machen sie's falsch.« Trauern sie zu lange, dann meint das Umfeld, es sei doch endlich an der Zeit, sich wieder zusammenzureißen und nach vorn zu schauen. Gehen sie auf ein Fest, lachen sie in fröhlicher Runde, dann sind die anderen betreten – wie kann sie nur, so lange ist das doch noch gar nicht her? Aber was Außenstehende an der Oberfläche sehen (oder zu sehen glauben), hat nicht notwendigerweise etwas damit zu tun, was sich im Innern abspielt.

Gian Domenico Borasio hat einen ungewöhnlichen, aber plakativen Vergleich gewählt, um zu beschreiben, was die Trauer in unserem Leben bewirkt. Es sei ein bisschen wie beim Schweizer Käse, sagt er: Mit seiner Reifung entstünden im Laufe der Zeit immer mehr und immer größere Löcher, die auch ein Zeichen seiner Qualität seien. Ein Schweizer Käse ohne Löcher wäre kein Schweizer Käse, jedenfalls kein guter. »Mit den Menschen verhält es sich so ähnlich: Je älter wir werden, desto mehr und größere Verlusterlebnisse sammeln sich in unserer Lebensgeschichte an – beileibe nicht nur Todesfälle. Jedem dieser Verluste seinen Platz in unserem Leben zu geben, das entstandene Loch als Teil unserer Identität zu akzeptieren und mit den Erinnerungen weiterzuleben, ist ein Teil dessen, was persönliches Wachstum und menschliche Reifung ausmacht.«[34]

Jedes Ende ist, wie jeder Neuanfang, ein Abschied von Vertrautem, Gewohntem, das uns Sicherheit und Halt gegeben hat. Deshalb sind Abschiede immer auch Gelegenheit, sich auf Verlust vorzubereiten, darauf, irgendwann für immer verlassen zu werden oder selber zu verlassen.

## Abschiedsrituale

Es muss feste Bräuche geben. (...) Es ist das, was einen Tag vom andern unterscheidet, eine Stunde von den anderen Stunden.
Antoine de St.-Exupéry, *Der kleine Prinz*

Als Julian gestorben war, an Weihnachten, zu Hause, umgeben von seiner Familie, da bestanden die Eltern darauf, nicht gleich den Bestatter zu rufen, sondern das Kind noch eine Nacht bei sich zu behalten. Er blieb auf dem Sofa liegen, auf dem er gestorben war. Sie zogen ihm seine Lieblingssachen an – ein geringeltes T-Shirt und eine blaue Strickjacke –, legten ihm ein Goldkreuzchen von den Großeltern um und deckten seinen kleinen leblosen Körper zu. »Aber obwohl er schon kalt war, sich seine Finger eisig angefühlt haben, war da eine warme Atmosphäre, und wir haben uns ihm ganz nah gefühlt«, erzählt seine Mutter.

Und dann legten sie all die Dinge um ihn herum, die sie ihm mitgeben wollten: seinen »Moro«, sein Spielpferd, das er heiß und innig liebte, und »Stupsi«, seinen Kuschelhasen.

Seine Eltern und sein Bruder sind, wir erinnern uns, in dieser Nacht bei ihm geblieben, auf einem Matratzenlager, das sie neben ihm im Wohnzimmer bereitet hatten. Julian war noch ein paar Stunden zu Hause und er war nicht allein. Und für seine Familie waren diese Stunden nötig, um in der Realität anzukommen, um zu begreifen, dass er ihre Welt und ihr Leben für immer verlassen hatte, dass sie nie mehr sein Lachen oder seine Stimme hören würden.

Intuitiv hatte die Familie etwas getan, was lange Zeit beim Abschied von Toten selbstverständliches Ritual war: Sie hielt Totenwache. Früher war es Brauch, dass sich die Familie und weitläufigere Verwandtschaft, Freunde und Nachbarn im Haus des Toten versammelten, um gemeinsam Abschied zu nehmen. Nach der Totenwaschung wurden dem Verstorbenen die Augen geschlossen, die Hände gefaltet. Häufig wurden die Uhren angehalten und die Spiegel verhängt. Die Zeit sollte stillstehen und keine Eitelkeit von der Trauer um den Toten ablenken. Auch Aberglaube spielte hier wohl eine Rolle. So sollte der Tod nicht zu lange im Haus verweilen und sich die Seele beim Verlassen des Körpers nicht im Spiegel verfangen. Es wurde gebetet, im Mittelalter am Bett des Toten sogar gesungen und gescherzt, ja manchmal wohl lebhaft gefeiert und getrunken.[35]

Der Verstorbene sollte bis zuletzt Teil der Gemeinschaft sein, im vertrauten Kreis der Menschen bleiben, die ihn schon im Leben begleitet hatten. Heute findet man die Totenwache nur gelegentlich noch in ländlichen Regionen und ein solches Gemeinschaftsritual allenfalls noch beim sogenannten »Leichenschmaus«, der Feier nach der Beisetzung, wenn die Trauergesellschaft bei trockenem Streuselkuchen zusammensitzt, sich alte Geschichten erzählt und an den Verstorbenen erinnert. Dann wird auch wieder gelacht, und die Anspannung löst sich allmählich. Dieses Beisammensein entspricht dem Bedürfnis der Hinterbliebenen, sich in ihrer Trauer gegenseitig zu stützen, die neue Wirklichkeit anzunehmen und ganz langsam zu Normalität und Alltag zurückzufinden.

Eine Totenwache, wie ich sie als Kind bei Frau Kapp erlebt hatte, gab es für meine Eltern nicht. Immerhin aber habe ich noch eineinhalb Stunden am Krankenhausbett meines verstorbenen Vaters sitzen können und habe ihn in dieser Zeit unverwandt angeschaut. War das noch mein Vater? Oder war es nur noch seine Hülle? Ich konnte beobachten, wie sich sein Gesicht veränderte, wie er von Minute zu Minute mehr entrückte. Für mich war diese Zeit wichtig, um überhaupt anzufangen zu begreifen, was geschehen war.

Beim Tod meiner Mutter, der so plötzlich und schnell vonstattengegangen war, kam ich zu spät, aber das Pflegepersonal war rührend und hat uns alle Zeit gelassen, die wir brauchten, um Abschied zu nehmen. Sie blieb noch einen ganzen Tag in ihrem Zimmer aufgebahrt und lag in ihrem Bett, als würde sie schlafen, die Gesichtszüge ganz friedlich und entspannt. Es gab uns die Gewissheit, dass sie einen schmerz- und angstfreien Tod gehabt hatte.

Inzwischen ist die Totenwache, diese alte Tradition

des Abschiednehmens, weitgehend vergessen. Weil die meisten heute nicht mehr zu Hause sterben, verschwindet der Verstorbene in der Regel schon kurz nach seinem Tod in der Obhut eines Beerdigungsinstituts – der Tote wird professionellen Händen übergeben, bevor Angehörige und Freunde die Gelegenheit haben, ihn noch einmal zu sehen. In unserer Gesellschaft ist es heute gewünscht, den Tod dem Blick der Lebenden rücksichtsvoll zu entziehen, die Leiche diskret zu »entsorgen«. Immer häufiger wünschen sich Menschen, die alleine sind, eine anonyme Beisetzung, und dann sind Totenschein und Sterbeurkunde oft die letzten und einzigen Belege dafür, dass ein Mensch nicht mehr da ist. Sie sind der bürokratische Nachweis für eine ordnungsgemäße Abmeldung aus dem Leben. Und vollzogen wird diese Kündigung von Bestattungsunternehmen, die gelegentlich eine eher muffige Atmosphäre verströmen. Hier wird organisiert und arrangiert, werden Formalitäten erledigt, für die Hinterbliebene in den wenigen Tagen bis zur Beerdigung verständlicherweise keine Kraft und keinen Sinn haben. Oft bleibt dabei aber auch die Chance zu einer aktiven Trauerbewältigung auf der Strecke. Diese Schleusenzeit zwischen Tod und Beisetzung sollte eigentlich die Gelegenheit bieten, den Abschied zu gestalten und emotionale Erfahrungen zu machen, die später nicht mehr nachgeholt werden können.

Bei meinen Recherchen für dieses Buch habe ich auch zwei Bestatterinnen kennengelernt, die deshalb einen neuen, eigentlich alten, ursprünglicheren Umgang mit Tod und Toten pflegen. Raum und Zeit sind für Evelyne Fischer und Stefanie Jost zentrale Eckpunkte. Ein Trauergespräch mit Angehörigen kann hier schon einmal länger dauern, denn nach einem Todesfall haben die Hinterbliebenen oft das Bedürfnis, vom Verstorbenen zu erzählen, Erinnerungen zu teilen, die Probleme im Umgang mit dem Verlust und der Trauer zu formulieren. Deshalb soll hier der Tod nicht geschäftsmäßig abgewickelt werden, sondern das Gewicht erhalten, das ihm zusteht. Angehörigen wird die Zeit gegeben, die sie brauchen, um die neue Realität akzeptieren zu können.

Das Bestattungshaus ist hell und freundlich, eingerichtet wie eine einladende Wohnung, in der nicht nur mit dem Tod umgegangen, sondern auch gelebt wird. Hier gibt es in einem als Wohnzimmer gestalteten Raum die Möglichkeit, in häuslicher, fast privater Atmosphäre ganz persönlich und in Ruhe Abschied zu nehmen. Anderswo ist es häufig immer noch so, dass man die Toten nur durch eine Glasscheibe in der gefliesten, kalten Friedhofshalle noch einmal sehen kann. Mein Mann fand seinen Stiefvater nach dessen Tod im Krankenhaus in der Ecke eines kalten und unpersönlichen Abstellraums, auf einer Trage am Boden. Und eine Bekannte erzählte voll Entsetzen, wie sie von ihrem verstorbenen Vater Abschied nehmen musste, im Totenraum im Klinikkeller – aufgebahrt neben Putzzeug und Gerümpel.

Wenn auch unter anderen Umständen als solchen, ist es wichtig, den geliebten Menschen noch einmal zu sehen, seinen Tod im wahrsten Sinn des Wortes zu »begreifen«, sagen Evelyne Fischer und Stefanie Jost, vielleicht noch einmal seine kalten Hände anzufassen, über die Wange zu streichen, sich mit einem Kuss von ihm zu verabschieden.

Ganz wichtig war auch für Ursula und ihre Familie, ihren kleinen Julian noch einmal im Arm gehalten, ihn berührt zu haben, auch als er schon tot und sein Körper schon starr und kalt war. Seine Gesichtszüge hatten sich verändert, waren fremd geworden, die Fingerchen blau. »Das war nicht mehr Julian«, beschreibt Ursula ihre Empfindungen von damals, »und das war ganz wichtig für mich, um ihn überhaupt hergeben zu können.«

Auch die Ärztin und Psychiaterin Elisabeth Kübler-Ross hat bestätigt, wie wichtig gerade dieser physische Abschied ist. Selbst Eltern, deren Baby tot zur Welt gekommen oder kurz nach der Geburt verstorben ist, müssen die Gelegenheit haben, ihr Kind zu halten, anzuschauen und anzufassen. Das ermöglicht ihnen, die Realität anzunehmen, dass sie ein Kind hatten und verloren haben. Eltern, denen das nicht möglich oder erlaubt war, »machen eine viel längere Zeit der Trauer durch und verharren oft jahrelang in einem Zustand der teilweisen Leugnung«[36].

Um die Endgültigkeit des Todes also akzeptieren zu können, ist es wichtig, ihn »fassbar« zu machen. Das gelte auch bei schrecklichen Toden, nach einem Selbstmord, einem Unfall oder einem Verbrechen, bei dem Menschen verstümmelt oder entstellt wurden, sagen die Bestatterinnen. Fast immer gebe es einen Teil, der sichtbar bleiben könne, nur das Gesicht vielleicht oder eine Hand, auch wenn der Rest des Körpers abgedeckt werden müsse.

In ihrem Haus bieten die Frauen auch an, den Toten gemeinsam mit den Angehörigen zu waschen und anzukleiden. Das ist ein uraltes und in allen Religionen und Kulturen verbreitetes Ritual, ein letzter, sehr vertrauter und intimer Akt der Liebe und Zuwendung, der den Abschieds- und Trauerprozess wesentlich erleichtern kann. Wobei niemandem vorgeschrieben oder geraten werden sollte, was für ihn oder sie im Einzelnen richtig oder verkraftbar ist.

Schminken oder einen Toten »herauszuputzen«, wie es in der amerikanischen Beerdigungsindustrie heute üblich ist, lehnen sie in ihrem Bestattungshaus ab. Weder soll der Tote »in Szene gesetzt« noch sein Tod unsichtbar gemacht werden. In den USA dagegen ist es üblich, die Spuren der Vergänglichkeit oder eines hässlichen Todes kosmetisch zu vertuschen. Hier muss auch der Tote noch den Anforderungen einer auf Ästhetik ausgerichteten Gesellschaft genügen. Er soll gesund und frisch aussehen, eine Illusion von Leben will man aufrechterhalten, um die Lebenden vor dem wahren, dem erschreckenden Gesicht des Todes zu schützen.

Dieses Verleugnen des Todes aber ist ein unheilvolles Dementi der Wirklichkeit, denn wie soll man begreifen, dass ein Mensch tot ist, wenn er doch ganz lebendig aussieht, so als ob er eigentlich nur schliefe? Ein Beschönigen der Tatsachen erschwert das Abschiednehmen und deshalb sollte der Tod nicht vertuscht, sondern ganz im Gegenteil auf behutsame Weise sichtbar gemacht werden, damit die Hinterbliebenen diese neue Wirklichkeit auch akzeptieren können.

Wenn aber, was auch schon passiert ist, ein Ehemann mit dem Schminktäschchen seiner Frau kommt und erzählt, sie habe immer diesen roten Lippenstift getragen, dann werden ihr bei Evelyne Fischer und Stephanie Jost selbstverständlich die Lippen nachgezogen. Das sei dann auch kein Verbergen oder Wegschminken der Wahrheit, sondern etwas Vertrautes, das zu diesem Menschen einfach dazugehörte. Eingriffe allerdings wie das in vielen Bestattungsunternehmen immer noch übliche Zunähen oder Verkleben der Lippen, damit der Mund nicht offen steht, lehnen die beiden ab. Sie gehen mit den Toten so um, wie sie es sich für sich selber später wünschen.

Von dem Moment an, in dem die Verstorbenen von zu Hause, aus dem Krankenhaus oder dem Heim abgeholt werden, sind die Toten hier bis zur Beisetzung in der Obhut des Bestattungshauses, nicht in der Kühlhalle des Friedhofs, zu der auch andere Bestatter, Friedhofsarbeiter und Gärtner Zugang haben. Das ist für die Angehörigen häufig eine Beruhigung. Sie wissen, ihr Verstorbener ist an einem sicheren, geschützten Ort.

Und noch etwas Ungewöhnliches bieten die beiden Frauen trauernden Angehörigen an: Ein kurzer Anruf und etwa eine Stunde Vorbereitungszeit genügen, um den Verstorbenen, wann immer Familie oder Freunde das wünschen, im liebevoll geschmückten Abschiedsraum aufzubahren. Dann können sie hier so viel Zeit verbringen, wie sie möchten. Es gibt Kaffee, manche bringen Sekt oder Wein, gelegentlich wird auf den Verstorbenen noch einmal angestoßen, es werden Erinnerungen ausgetauscht, Anekdoten von früher erzählt – und manchmal geht es da durchaus auch fröhlich und laut zu.

So war ein Verstorbener zum Beispiel von seiner Familie mit einem zünftigen Picknick verabschiedet worden, mit all den Leckereien, die er früher so gerne gegessen hatte. Oder eine Tochter hatte für ihre Mutter noch zu einem letzten Kaffeekränzchen ins Bestattungshaus eingeladen – sie sollte in der Runde verabschiedet werden, in der sie so viele heitere Nachmittage verlebt hatte.

Und was tragen die Toten im Sarg, bevor sie beerdigt oder dem Feuer übergeben werden? Alles, erzählt Evelyne Fischer, vom Sterbehemd bis zum Smoking. Ein

Mann, der zu Lebzeiten für sein Leben gern gegärtnert hatte, wurde in seiner grünen Gartenhose beigesetzt, mit all den Spuren des letzten Gebrauchs. Für die Angehörigen eine Erinnerung an so unendlich viele, schöne Stunden, die er zwischen seinen Blumen und Beeten verbracht hatte.

Aber nicht immer verlaufen solche Abschiede – auch im Bestattungshaus – friedlich ab. Selbst in der begrenzten Zeit eines Trauergesprächs oder in den wenigen Tagen, in denen Trauernde hier begleitet werden, kommt es nicht selten zu extremen Gefühlsausbrüchen und gelegentlich heftigem Streit unter Angehörigen. »Das kommt auch in den allerbesten Familien vor. Da wird alles unterm Teppich hervorgeholt, was da manchmal jahrzehntelang druntergekehrt worden war«, weiß Stefanie Jost zu berichten. Da werden Wut, Verzweiflung, Eifersucht oder Neid zu einer hochexplosiven Mischung. Gerade wenn mit dem letzten Elternteil das vielleicht einzige Bindeglied wegbricht, das alle immer zusammengehalten hat. »Manchmal hatte ich schon richtig Angst, es könnte zu Handgreiflichkeiten kommen«, erzählt sie.

Erbstreitigkeiten sind selten der wahre Grund, aber häufig der Auslöser für Auseinandersetzungen. Da tauchen plötzlich Erben auf, die sich Jahrzehnte nicht haben blicken lassen, oder Ex-Ehepartner, nicht selten auch Freundinnen oder Geliebte, von denen die Familie oft nichts wusste.

So fand eine Frau nach dem Tod ihres Mannes und dem Ende einer aus ihrer Sicht besonders glücklichen und harmonischen Ehe heraus, dass der Verblichene wohl kein Freund von Traurigkeit gewesen war und über die Jahre eine ganze Schar von Freundinnen gehabt hatte. Darüber war seine Witwe so außer sich geraten, dass sie ins Bestattungshaus kam und nach der Urne des Toten verlangte. Diese hätte sie dann nach Leibeskräften gerüttelt und geschüttelt und dabei ihren ganzen Zorn über den jahrelangen Betrug herausgeschrien. Dann habe sie die Urne zurückgegeben, und es sei ihr sichtbar bessergegangen. Eine Art letzter Ehekrach sei das wohl gewesen.

Vergleichsweise harmlos scheint dagegen, wenn sich Angehörige im Trauergespräch plötzlich auf nichts einigen können – nicht auf Urnen- oder Erdbestattung, nicht auf die Art und Farbe des Sarges, den Ablauf der Trauerfeier, nichts. Deshalb, sagen die Bestatterinnen, kann es durchaus hilfreich sein und solche Konflikte vermeiden helfen, wenn man zu Lebzeiten Vorsorge für die eigene Bestattung trifft. Das erfordert Mut und die Bereitschaft zur Konfrontation mit der eigenen Sterblichkeit. Aber eine bewusste Vorbereitung auf den eigenen Tod kann auch bedeuten, selbst zu entscheiden, wie und wo man, beispielsweise, beigesetzt werden möchte.

Meine Eltern wollten beerdigt werden in einem Grab »wie ein kleiner Garten«, hatte sich meine Mutter gewünscht. Ava dagegen fürchtet sich vor dem Sarg, stellt es sich unheimlich vor, in dieser Kiste unter der Erde zu liegen, und möchte lieber verbrannt werden. Auch wenn das nach muslimischem Brauch eigentlich nicht vorgesehen ist. Für Ursula ist heute schon klar, dass sie unter einem Baum beigesetzt werden möchte. Anschließend sollen sich Freunde und Familie Geschichten erzählen und Fotos von ihr anschauen und an schöne, gemeinsam verbrachte Stunden denken – im Sommer am liebsten bei einem Picknick.

Es gibt die Möglichkeit der selbstbestimmten Gestaltung selbst dieses letzten Schrittes und entlastet die Angehörigen. Wobei viele Hinterbliebene es als besonders wichtig empfinden, mit der Gestaltung des Abschieds ihren Verstorbenen einen letzten Liebesdienst zu erweisen.

Die Auswahl des Blumenschmucks, die Vorbereitung der Trauerfeier, das Verschicken der Traueranzeigen, die Entscheidung für einen Sarg – das sind Gelegenheiten, sich mit dem Toten noch einmal intensiv zu befassen. Diese organisatorischen Aufgaben können den Trauernden im Chaos der Gefühle Halt und Struktur geben.

Ich kann mich erinnern, dass ich diese Zeit zwischen Tod und Beerdigung meiner Eltern tatsächlich in einer Art Tunnel verbracht habe. Psychologen bezeichnen diese Phase als Schleusenzeit, in Anlehnung an die Schleuse im Schiffsverkehr, in der die Niveauunterschiede zwischen zwei Gewässerabschnitten durch Anheben oder Absenken des Wasserspiegels ausgeglichen werden. Der Trauernde befindet sich in einer Art Ausnahmezustand, verlässt gewissermaßen die Welt, wie sie vor dem Verlust des geliebten Menschen war, und kehrt erst nach der Beisetzung in den Alltag zurück, in ein Leben ohne den Verstorbenen. Für mich war es hilfreich, mit Verwandten und Freunden zu telefonieren, ihnen von den letzten Tagen und Stunden der Eltern zu erzählen, die Trauerpost zu erledigen und gemeinsam mit der Familie über die Gestaltung der Trauerfeier nachzudenken.

Oft wird zum Beispiel neuerdings der Wunsch geäußert, dass Kinder den Sarg eines verstorbenen Eltern- oder Großelternteils bemalen oder gestalten können.

Weit verbreitet und sehr alt ist dagegen der Brauch, dem Toten Gegenstände mit auf den Weg zu geben. Die alten Ägypter zum Beispiel stellten sich das Jenseits ganz ähnlich vor wie die diesseitige Welt und gaben ihren Verstorbenen deshalb Nützliches mit auf ihre Reise. Essen, gefüllte Weinkrüge, Musikinstrumente, festliche Kleidung und kostbaren Schmuck. Es gab außerdem hilfreiche Tipps für den Umgang mit Problemen oder Hindernissen auf dem Weg ins Jenseits in Form des Ägyptischen Totenbuchs – Sprüche und Zauberformeln für die Bekämpfung von Ungeheuern oder das Bestehen gefährlicher Prüfungen.

Auch die berühmte chinesische Terrakotta-Armee war nichts anderes als eine gewaltige Grabbeigabe. Rund achttausend Tonkrieger, Wagengespanne und Hunderte von Pferden in Lebensgröße wurden im 3. Jahrhundert vor Christus in einer gigantischen Grabanlage Kaiser Quin Shi Huangdi zur Seite gestellt, um ihn zu schützen und in einer möglichen Schlacht im Jenseits für ihn zu kämpfen.

Auch heute noch oder wieder geben Hinterbliebene ihren Verstorbenen Gegenstände mit auf den Weg. Es ist eine letzte Form der Fürsorge und Zuwendung, das Gefühl, noch etwas zu tun, wenn man eigentlich nichts mehr tun kann. Es würdigt den Toten noch einmal in dem, was ihn ausgemacht hat, und stellt gleichzeitig eine Verbindung her zwischen ihm und dem, der den Gegenstand mitgibt.

Die Familie des kleinen Julian legte ihm zum Beispiel seine Spieluhr und Kuscheltiere in den Sarg, und jeder, der zur Beerdigung kam, hatte die Gelegenheit, ihm etwas mitzugeben: ein Briefchen, ein selbstgemaltes Bild, irgendein kleines Erinnerungsstück.

Jonathan Safran Foers Roman *Extrem laut und unglaublich nah* handelt von der Trauer eines kleinen Jungen, der seinen Vater bei den Anschlägen vom 11. September 2001 in New York verloren hat. Verzweifelt sucht der neunjährige Oskar nach einer Erklärung für das Unerklärliche, nach Antworten auf all seine offenen Fragen. Eines der ungelösten Probleme des Jungen ist, dass es seinen Vater nach der Katastrophe physisch nicht mehr gab, dass da nie ein Toter war, von dem er Abschied nehmen konnte, dass ein leerer Sarg beerdigt wurde. Der Tod des Vaters bleibt ihm somit un-»begreiflich«. Gemeinsam mit seinem Großvater, der Oskar helfen möchte und selbst auch ein ungeklärtes Verhältnis zu seinem Sohn hat, beschließt er deshalb eines Nachts, den Sarg seines Vaters auszugraben und mit etwas zu füllen, das Bedeutung hat, für sie und für ihn. Schließlich füllen sie ihn mit Briefen des Großvaters, in denen all das Wichtige steht, das er ihm im Leben nicht hatte sagen können.[37]

Grabbeigaben sind also viel mehr als Andenken, die man den Toten mitgibt. Sie sind eine Möglichkeit für den Trauernden, eine Beziehung zu einem Abschluss zu bringen, an der nichts mehr verändert werden kann.

Diese Zeit zwischen Tod und Beisetzung ist, wie gesagt, eine besonders wichtige Phase der Trauer. Der Religionssoziologe Yorick Spiegel spricht von den »rites de passage«, Übergangsriten, die in dieser Zeit vollzogen werden. Eine wesentliche Funktion des Bestattungsrituals ist dabei, mit der Realität des Todes konfrontiert zu werden, seine Unumkehrbarkeit anzuzeigen, die endgültige Trennung vom Verstorbenen in kleinen, nachvollziehbaren Schritten zu durchleben.[38]

Und es ist ganz besonders wichtig, Kinder an diesen Ritualen teilhaben zu lassen, sie nicht von der schmerzlichen Erfahrung von Sterben und Tod fernzuhalten oder abzuschirmen. Auch ausweichende oder beschönigende Auskünfte sollten unbedingt vermieden werden.

Sätze wie: »Die Großmutter ist ganz weit weg verreist, in ein fernes Land«, »Opa schläft jetzt ganz lang und tief« oder »Mama ist jetzt beim lieben Gott« sind zwar gut gemeint und darauf ausgerichtet, Kinder vor dem Trauma und Schmerz eines Abschieds zu schützen. Solche vagen Antworten auf ihre dringlichen Fragen veranlassen Kinder aber eher dazu, ihre eigenen Schlüsse zu ziehen, und setzen Phantasien in Gang, die oft viel dramatischer und traumatischer sind als die Wahrheit. Kinder neigen dazu, sich selbst die Schuld zu geben, oft glauben sie, sie hätten etwas falsch gemacht. Es entsteht das Gefühl, hintergangen worden zu sein oder die Vorstellung, der Verstorbene habe sie gar nicht richtig liebgehabt, sei ohne Abschied einfach gegangen, hätte sie gewissermaßen zur Strafe verlassen.[39]

Kinder sind robust, sie verkraften die Wahrheit meist besser, als Erwachsene glauben, aber natürlich muss jede Erklärung kindgerecht und in verständliche Worte gefasst sein. Man sollte sich viel Zeit für ausführliche Gespräche nehmen und dabei immer an den Bedürfnissen des Kindes orientieren.

*

Das Unwiderrufliche des Todes wird am deutlichsten im Moment der Beisetzung. Hier findet die allmähliche Ablösung vom Verstorbenen ihren Abschluss. »Die stärkste Bekräftigung des Todes ist das Versenken des Sarges und der erste Erdwurf.«[40]

Es ist ein Ritual, das weltweit die physische Trennung vom Toten signalisiert und seine Hülle einer letzten Ruhestätte übergibt. Für die Verstorbenen und noch viel mehr für die, die um sie trauern, markiert diese Zeremonie den Übergang in einen anderen Zustand, für manche in ein anderes Sein. Wie alle Übergangsriten soll sie Halt und Stabilität geben in einer Zeit, in der Menschen ihre Balance und Orientierung verloren haben. Je aktiver der Trauernde in diese Rituale eingebunden ist, desto befriedigender erlebt er den Abschied und kann ihn als Ablösung verstehen.

Die einen vertrauen dabei auf das kirchlich-christliche Zeremoniell mit Trauergottesdienst, Geleit zum Grab, Segen und schließlich dem Übergeben des Verstorbenen in die Obhut Gottes. Dreimal wird in Erinnerung an die Dreifaltigkeit Gottes, den Vater, den Sohn und den Heiligen Geist, Erde ins Grab geworfen, und der Pfarrer spricht die Formel: »Erde zu Erde, Asche zu Asche und Staub zu Staub.« Diese Worte sollen verdeutlichen, dass der Mensch dahin zurückkehrt, von wo er gekommen ist. Denn nach dem christlichen Glauben hat Gott den Menschen aus dem Staub der Erde erschaffen.

Im Islam muss die Bestattung unverzüglich, möglichst noch am Todestag, stattfinden, und erlaubt ist nur ein Begräbnis, keine Feuerbestattung, genauso wie im Judentum, wo eine Zerstörung des Körpers abgelehnt wird und die Beerdigung in physischer Unversehrtheit vorgeschrieben ist.

Die tibetischen Buddhisten kennen das Ritual der Himmels- oder Luftbestattung. Bei dem der Leichnam wilden Tieren zum Fraß überlassen und als Geschenk an die Natur betrachtet wird. Die Vögel tragen dann nach tibetischer Vorstellung den Toten in das sogenannte Bardo, den Zwischenzustand zwischen Tod und Wiedergeburt. Diese Bestattungsmethode ist aber auch auf rein praktische Erwägungen zurückzuführen wie den über Monate zugefrorenen Boden, der eine Erdbestattung unmöglich macht, und den Mangel an Brennholz, das für eine Verbrennung notwendig wäre. In anderen buddhistischen Ländern und im Hinduismus ist die Feuerbestattung üblich. Die Asche der Toten wird anschließend, wenn möglich, heiligen Gewässern übergeben, die die Seele ins Jenseits tragen.

All diese Rituale haben das gleiche Ziel: die Endgültigkeit des Todes und seine Unumkehrbarkeit deutlich zu machen, die Trennung zwischen dem Verstorbenen und den Lebenden zu vollziehen.

Immer mehr Menschen in unserer säkularisierten Gesellschaft entfernen sich allerdings von religiösen Traditionen. Fast die Hälfte der Deutschen wollen nicht mehr, dass ein Pfarrer am Grab spricht, hier springen nichtreligiöse, freie Redner ein. Aber auch derjenige, der zu kirchlichen Ritualen keinen Bezug hat, braucht einen Übergangsritus, der sinnstiftend und stützend wirkt. Deshalb werden häufig eigene Ideen entfaltet oder Anleihen bei den Zeremonien anderer Kulturen gemacht, die vielleicht verständlicher oder nachvollziehbarer erscheinen.

So stellen die Bestatterinnen Evelyne Fischer und Stefanie Jost auf Bitten zum Beispiel Schwimmkerzen bereit, die von jedem Einzelnen, der an der Bestattung teilnimmt, als Abschiedsgruß in Wasserschalen in der Trauerhalle oder am Grab gegeben werden können.

Diese symbolische Geste lehnt sich an eine uralte Tradition von Lichterfesten an, bei denen schwimmende Lampions auf Flüsse oder Seen gesetzt werden. Nach der japanischen Toro-Nagashi-Zeremonie etwa, sollen Papierlaternen die Geister der Verstorbenen in die Welt der Toten führen. Beim hawaiianischen Lantern Floating Festival wird an die Ahnen erinnert, die voraus gegangen sind, und in Thailand bedankt man sich mit einem solchen Lichterschauspiel bei den Göttern.

Wenn es um den Abschied von unseren Toten geht, dann haben hierzulande immer noch die Behörden das letzte Wort: Der Tod ist genormt. Es gibt genaue Vorschriften, wie, wo und wann ein Mensch zu seiner letzten Ruhe gebettet wird. Wir haben die Wahl zwischen Einzel-, Familien-, Reihen- oder Urnengrab.

Trotzdem gibt es unzählige Möglichkeiten, einen ganz persönlichen Abschied zu gestalten. Der eine mag den Verstorbenen mit Fotos oder einem kleinen Film noch einmal würdigen, der andere hält eine persönliche Trauerrede, manche spielen ein Musikstück, das der verlorene Angehörige liebte oder das eine besondere Bedeutung für ihn hatte, mal wird ein Kirchenlied oder klassische Musik gespielt, andere entscheiden sich für einen aktuellen Pop- oder Rock-Song, und wieder andere streuen Blütenblätter aufs Grab.

Manche haben inzwischen auch das Internet als Trauer-Forum entdeckt. So ist es inzwischen möglich, in den Grab- oder Gedenkstein schwarz-weiße Pixelquadrate einmeißeln zu lassen, sogenannte QR-Codes. Wenn man diesen Code mit einem Smartphone abliest, wird man direkt auf eine Webseite im Internet geführt, auf der man Näheres über den Verstorbenen erfahren und auch Fotos von ihm finden kann. Statt Traueranzeigen werden Online-Portale und virtuelle Kondolenzbücher eingerichtet, die die Möglichkeit bieten, eine Beileidsnachricht zu hinterlassen, von einer Begegnung oder Anekdote mit dem Toten zu erzählen, Erinnerungen über ihn auszutauschen. Sogar virtuelle Gräber können angelegt und online gepflegt werden. Auch wenn das den Tod nicht wirklich fassbar macht –

für manchen Angehörigen, der weit weg lebt und keine Gelegenheit für regelmäßige Besuche am Grab hat, mag das ein Trost sein, eine Möglichkeit, seine Trauer auszudrücken.

Ob nun Totenwache oder traditionelles Beisammensein nach der Beisetzung, virtuelles Trauerforum oder fernöstliche Lichter-Zeremonie, wichtig ist nur, dass die Rituale, für die wir uns entscheiden, zu dem Menschen passen, den wir verabschieden, und denen, die sie praktizieren, sinnhaft erscheinen. Dann können sie in dieser schwierigen Phase eine Art Geländer sein, an dem man sich festhalten und abstützen kann.

Deshalb empfehlen die Bestatterinnen auch, sich schon Gedanken zu machen, bevor ein nahestehender Mensch stirbt, um im Todesfall nicht völlig unvorbereitet und hilflos zu sein.

Für sie, haben mir beide versichert, sei ihr Beruf vor allem deshalb auch Berufung, weil sie jeden Tag für andere Menschen ganz Wesentliches und Sinnvolles tun können. Und auch für sie selber sei die ständige Konfrontation mit der Endlichkeit des Lebens ein Geschenk, denn es mache ihnen die Kostbarkeit jedes Augenblicks umso bewusster.

Für sie habe der tägliche Umgang mit Toten auch die Haltung zum eigenen Tod verändert, erzählt Stefanie Jost. »Ich übe mich tagtäglich darin, ihn als unausweichliche Tatsache zu akzeptieren. Aber die Auseinandersetzung damit ist auch für mich ein andauernder Prozess und wird es bis zu meinem letzten Atemzug sein.«

Beide Frauen sind Mütter mit Familien, die mitten im Leben stehen, offen und zugewandt. Die eine war Innendekorateurin, die andere in der Touristikbranche tätig – aber beiden genügten diese beruflichen Herausforderungen nicht mehr. Sie fanden ihre neue Aufgabe in einem Bereich, den viele wohl im harmlosesten Fall ungewöhnlich, die meisten aber befremdlich oder gar beängstigend finden. »Dabei«, sagt Evelyne Fischer, »sollte der Umgang mit Tod und Toten für uns doch ganz selbstverständlich sein. Wir werden geboren und wir sterben, Geburt und Tod sind die beiden großen Übergänge in unserem Leben, das können wir doch nicht wegdrängen.« Die beiden Frauen wollen dazu beitragen, dieses ganz natürliche Ereignis wieder ins Leben hereinzuholen, dahin, wo es hingehört. Sie wollen etwas verändern im Umgang mit diesem Thema, und damit auch im Umgang mit den Toten.

Bedrückend jedenfalls finden sie ihre Arbeit nicht, ganz im Gegenteil stellen sie fest: Im Angesicht des Todes erleben wir hier das pralle Leben in wirklich allen nur denkbaren Facetten.

## Was von uns bleibt

Ich will noch fortleben nach meinem Tode.
Anne Frank, Tagebucheintrag, 4. April 1944

Mit jedem Menschen, der stirbt, verlischt ein ganz eigener Kosmos von Wissen und Erfahrungen, von Gefühlen und Gedanken, von Erlebtem und Ungelebtem. Eine Welt geht unter und mit ihr all das, was genau diesen Menschen ausgemacht hat. Soll das alles gewesen sein? Und wenn es so wäre, welchen Sinn hätte das Leben dann gehabt? Wäre ich dann nichts weiter gewesen als ein kleines, ganz unbedeutendes Rädchen im großen Weltgetriebe?

In den Monaten nach meiner Krebsdiagnose haben mich solche Gedanken häufig umgetrieben. Die Vorstellung, dass meine Kinder irgendwann ganz selbstverständlich ohne mich weiterleben würden, tat einerseits weh, war andererseits aber auch wieder tröstlich. Aber nur als vage Erinnerung zu überdauern, als vergilbtes Foto vielleicht, in einem Album, das nur noch selten zur Hand genommen würde, das schien mir ein bisschen wenig.

Ava genügt das: »Ich will, dass fast gar nichts von mir bleibt, jedenfalls nichts aus dieser schrecklichen Zeit, in der ich nur noch schwach und elend war. Ich hoffe, dass meine Kinder an die guten Zeiten denken und vor allem Schönes von mir im Gedächtnis behalten.« Die gemeinsamen Erlebnisse der letzten Jahre, die Reisen mit Mann und Kindern, sollen wie Kiesel, die man ins Wasser wirft, noch Kreise der Erinnerung ziehen, auch wenn sie schon längst gegangen ist.

Die Angst vor dem Vergessenwerden beschäftigt den Menschen möglicherweise schon seit der Steinzeit – und zwar wortwörtlich. So alt sind nämlich die ältesten Höhlenmalereien der Welt. Welche Bewandtnis es mit ihnen hatte, ist den Forschern bis heute nicht ganz klar. Eine religiöse, spirituelle Bedeutung liegt auf der Hand, aber, wer weiß, vielleicht waren ja auch das Werke gegen das Vergessen. Jedenfalls zeigen sie uns heute noch: Schaut, so haben wir gelebt, das war unsere Welt. Wesentlich kunstvoller zwar, aber im Grunde genauso wie Kritzeleien auf Häuserwänden oder in Baumstämme geschnitzte Herzen, haben sie die Botschaft hinterlassen: Wir waren da.

Menschen haben im Laufe der Geschichte viel getan, um nicht vergessen zu werden: So zerstörte 365 v. Chr. ein Mann namens Herostrat in Ephesus eines der Sieben Weltwunder, den legendären Tempel der Artemis. Er setzte die größte Tempelanlage der Antike in Brand, um Ruhm und damit Unvergänglichkeit zu erlangen. Und obwohl die Epheser damals per Gerichtsdekret entschieden, dass der Brandstifter auf ewig durch Anonymität gestraft werden sollte, ist der Herostraten-Ruhm bis heute sprichwörtlich. Er steht für die Berühmtheit, die durch ein Verbrechen erlangt wird, und hat Herostrat tatsächlich unsterblich gemacht.

Um in der Erinnerung weiterzuleben, wurden im Mittelalter die Namen der Verstorbenen in Büchern festgehalten und während der Messfeier beim »Memento« vorgelesen. Manche ließen ihre Namen in Altarplatten oder die Laibungen von Kreuzbögen ritzen[41], in der Hoffnung, dass auch nach ihrem Tod der ein oder andere stehen bleiben, den Namen lesen, vielleicht sogar mit der Hand über die Einkerbung streichen und erkennen würde: Diesen Menschen hat es einmal gegeben.

Die Pyramiden von Gizeh, Mausoleen wie das Taj Mahal oder das Vietnam Veterans Memorial in Washington, in das mehr als 58 000 Namen gefallener und vermisster Soldaten eingraviert sind – sie alle stehen für den verzweifelten Kampf gegen das Vergessen.

Und tatsächlich stellen wir alle uns doch die Frage, welchen Sinn hätten all unsere Bemühungen gehabt, wenn irgendwann doch keiner mehr wüsste, dass es uns gegeben hat?

*

Meine Freundin Ursula hat mir von einem Bilderbuch erzählt, in dem sie mit ihren kleinen Söhnen früher häufig geblättert hat. Sie wusste da bereits, dass sie Julian bald verlieren und Abschied und Trauer in ihrer Familie ein zentrales Thema werden würden. *Leb wohl, lieber Dachs* erzählt vom alten, verlässlichen, immer hilfsbereiten Dachs, der eines Tages stirbt. Seine Freunde, die anderen Tiere, sind traurig über den Verlust, sie vermissen den Dachs, bis sie irgendwann feststellen, dass er auf besondere Weise nach wie vor bei ihnen ist. »Jedes Tier bewahrte eine besondere Erinnerung an den Dachs – irgendetwas, was er sie gelehrt hatte und was sie jetzt ausnehmend gut konnten. Dachs hatte jedem von ihnen ein Abschiedsgeschenk hinterlassen, das sie wie einen Schatz hüteten.« [42]

So einfach die Geschichte, so klar ist auch die Botschaft – nicht nur für Kinder. Wir hinterlassen auf ganz vielfältige Art und Weise Spuren im Leben anderer. Gemeinsam Erlebtes, Gespräche, alles, was wir tun oder versäumen, hinterlässt einen Abdruck. Das ist es, was von uns bleibt im Gedächtnis der anderen. Manchmal sind es nur Kleinigkeiten: Eine typische Geste, ein bestimmter Gesichtsausdruck, Augenblicke der Zuwendung, des Vertrautseins, die plötzlich in uns aufsteigen. Aber auch das kleinste Fetzchen Erinnerung kann manchmal wie beim Domino andere Gedächtnis-Steine anstoßen, eine ganze Kettenreaktion auslösen, und plötzlich steht ein Mensch wieder vor uns mit all seinen Eigenheiten. Und dann wissen wir wieder, was er uns bedeutet hat.

Wenn ich an meine Eltern denke, dann sind da unendlich viele Erinnerungen, aus denen ich ständig schöpfe, die mir mal Wegweiser sind, dann wieder Trost, die mich rückschauend zum Lachen bringen oder traurig machen. Sie sind immer da und vor allem nach ihrem Tod wichtige Wegbegleiter für mich geworden. Wie oft fällt mir in irgendeiner Situation plötzlich ein Satz meiner Mutter ein. Mancher ihrer Sprüche ist längst zum geflügelten Wort in der Familie geworden, wie zum Beispiel ihr entnervter Ausruf: »Meine Enkel werden mich rächen!«, oder die Bemerkung, wenn jemand weit ausholte und von einem Thema ins nächste verfiel, dann sagte sie immer: »Der ist mal wieder vom Papst auf den Eierkuchen gekommen.« Solche Sätze sind wie »Erbstücke«, die ich mittlerweile an meine Kinder weitergegeben habe.

Aber auch anderes ist mir im Gedächtnis geblieben: wie sie die Augenbraue hochzog oder sich räusperte, wenn sie nervös war, oder die Nachmittage, an denen sie mit mir aus leeren Streichholzschachteln einen Kaufmannsladen baute oder mir aus ihrer Kindheit erzählte. Für mich sind solche Erinnerungen Teile eines Puzzles, die sich Stück für Stück zu einem Ganzen zusammensetzen und meine Mutter für mich wieder lebendig werden lassen. Dann fühle ich wieder diese Momente der Nähe, dann erkenne ich ihre Haltung in vielen schwierigen Lebenslagen, auch die Sanftmut und Würde, mit der sie zuletzt sogar ihre eigene Demenz ertragen hat. Das alles hat mich geprägt, das sind die Spuren, die sie in meinem Leben hinterlassen hat.

*

»Abgefallene Blüten«, sagt ein japanisches Sprichwort, »lassen ihren Duft zurück.« Wir alle hinterlassen solche Blüten – im Guten wie im Schlechten. So sind wir im

Laufe unseres Lebens natürlich auch selbstsüchtigen und selbstgerechten Menschen begegnet, die uns das Leben schwer, manchmal vielleicht sogar unerträglich gemacht haben. Menschen, die Dinge hätten ändern oder verhindern können und trotzdem untätig geblieben sind – auch so jemand hinterlässt seine Duftmarke, aber nicht alles riecht gut, und nicht jede Erinnerung ist eine schöne.

Es gibt dazu eine wunderbar plakative Erzählung von Charles Dickens: *A Christmas Carol*. Diese Weihnachtsgeschichte handelt von Ebenezer Scrooge, einem griesgrämigen, alten Geizkragen, dessen Leben nur um Geld, Geldvermehrung und Geschäfte kreist – andere Menschen sind ihm herzlich egal. Bis er eines Nachts Besuch von drei Geistern bekommt: dem Geist der vergangenen, der diesjährigen und schließlich vom »Geist der künftigen Weihnacht«. Der führt dem betagten Knauser vor Augen, welches Bild nach seinem Tod von ihm bleiben wird. Durch die Augen der anderen sieht Scrooge nun, was für ein Mensch er wirklich war: ein verbittertes, grantiges, rücksichtsloses Scheusal, jemand, der nicht geholfen hat, wo er hätte helfen können, und dem niemand eine Träne nachweint. Das lässt den alten Ebenezer aufwachen – im doppelten Sinn – und er beschließt, sein Leben von Grund auf zu ändern. Er entschuldigt sich für vergangene Versäumnisse und Missetaten und tut Gutes, wo er nur kann. Dadurch wird er selbst zu einem frohen Menschen und kann am Ende sogar wieder lachen.

Interessant ist übrigens, dass das, was Ebenezer Scrooge am Ende froh und zufrieden macht, für uns alle gilt: »Gutes tun« macht glücklich. Indem wir uns um andere kümmern, uns engagieren, können wir Spuren hinterlassen und unserem Leben Sinn geben – eine Erkenntnis, die auch wissenschaftlich belegt ist.[43] Über 20 000 Sterbende auf der ganzen Welt sollten im Rahmen einer Studie Auskunft über ihre Wertvorstellungen geben. Dabei wurde deutlich, dass für Menschen, die mit einer schweren Krankheit oder dem nahen Tod konfrontiert sind, Altruismus, ein auf den »anderen« gerichtetes Denken und Handeln, wichtig wird. Wer sich um andere kümmert, nicht nur um sich selber kreist, der erlebt dadurch ein höheres Maß an Lebensqualität[44], auch wenn ihm nur noch wenig Zeit bleibt.

Das Mysterienspiel vom *Jedermann*, ein Stück von Hugo von Hofmannsthal, weist in eine ganz ähnliche Richtung. Abstrakte Begriffe wie »Tod« und »Teufel« nehmen hier ebenso Gestalt an wie die »Guten Taten« und eben dieser »Jedermann«. Er ist nicht wirklich großzügig, aber auch nicht übermäßig geizig oder böse, er liebt es einfach, sein Geld zu mehren und es sich gutgehen zu lassen. So ein Jedermann steckt ja irgendwie in uns allen.

Dem lieben Gott allerdings missfällt, dass man sich um ihn auf Erden so gar nicht mehr zu scheren scheint, und beschließt deshalb, Jedermann zu sich zu zitieren. Als der sein baldiges Ende kommen sieht, erfleht er eine letzte Frist, um seine Dinge zu regeln und vor allem einen Freund zu finden, der mit ihm gemeinsam vor Gott zu treten bereit ist. Aber es findet sich keiner, der ihm diesen Dienst erweisen will. Nur die »guten Taten« sind willig, ihm zur Seite zu stehen, aber sie sind schwach und gebrechlich – Jedermann hat zu wenig in sie investiert. Deshalb springt ihnen am Ende noch der »Glaube« bei, und gemeinsam helfen sie, Jedermann vor der Verdammnis zu bewahren.

Ein Hoch also auf die »guten Taten«. Und tatsächlich bleibt die Erinnerung an sie bestehen: Ich war sehr bewegt beim Besuch der Holocaust Gedenkstätte Yad Vashem in Jerusalem. Dort erinnert in einem Garten die »Allee der Gerechten der Völker« an mehr als 24 000 Menschen, die zwischen 1933 und 1945 Juden versteckt, beschützt oder gerettet haben. Ihnen wurde hier ein Denkmal gesetzt. Sie haben die Katastrophe nicht verhindern können, aber sie haben Einzelne gerettet. Und »wer einen Menschen rettet, rettet die ganze Welt«, sagt der Talmud.[45] Auch wenn wir die Gesichter dieser »Gerechten« nicht kennen und ihre Namen, kaum dass wir sie gelesen haben, schon wieder vergessen: Das, wofür sie standen, wird nicht vergessen sein.

Es müssen aber nicht gleich große, heroische Taten sein, erbracht unter Gefahr für das eigene Leben. Die wenigsten von uns sind die geborenen Helden. Aber oft genügen schon Freundlichkeit und Fürsorge gegenüber jemandem, dem es schlecht geht, jemandem zuzuhören, der etwas loswerden muss, Trost zu spenden, Hilfe zu geben, in manchen Situationen nicht weg-, sondern hinzuschauen, sich vielleicht ehrenamtlich zu engagieren. Das mögen nur Kleinigkeiten sein, aber das ganze Leben besteht doch eigentlich nur aus aneinandergereihten Kleinigkeiten.

Nach dem Tod meiner Mutter schrieb mir eine ihrer alten Schulfreundinnen, wie sehr sie meine Mutter immer geschätzt habe, und sie erzählte von einem Erlebnis mit ihr in der harten Zeit nach dem Krieg, als es nichts zu essen gab und alle immer Hunger hatten. Da habe meine Mutter das Pausenbrot mit ihr geteilt – das werde sie nie vergessen.

Wenn wir also überlegen, was von uns bleibt, dann

geht es nicht um die berühmte Warhol'sche »Viertelstunde Ruhm«, die mediale Aufmerksamkeit in einer Reality Show oder die trivialen Spuren, die wir auf Facebook oder Twitter hinterlassen. Dann geht es auch nicht um Heldentaten oder die zweifelhafte Berühmtheit, die, wie bei Herostrat, für Wahnsinn steht. Wenn nur eine kleine Erinnerung von mir bleibt, ein Erlebnis, ein Satz, der ein bisschen davon erzählt, wer und wie ich war, dann würde mir das schon genügen. Aber vielleicht wird es auch einmal sein, als wären wir nie gewesen, oder kaum – mein Vater wünschte sich für seine Trauerfeier dieses Gedicht zum Abschied:

> Ich gehe langsam aus der Welt heraus
> in eine Landschaft jenseits aller Ferne,
> und was ich war und bin und was ich bleibe
> geht mit mir ohne Ungeduld und Eile
> in ein bisher noch nicht betretenes Land.
>
> Ich gehe langsam aus der Zeit heraus,
> In eine Zukunft jenseits aller Sterne
> Und was ich war und bin und immer bleiben werde
> Geht mit mir ohne Ungeduld und Eile,
> als wär ich nie gewesen oder kaum.

Hans Sahl, *Strophen*

# Letzte Worte

> Was ist Leben?
> Es ist das Aufleuchten
> eines Glühwurms in der Nacht.
> Es ist der Atem eines Büffels im Winter.
> Es ist der kleine Schatten, der übers Gras huscht
> und sich im Sonnenuntergang verliert.
>
> Crowfoot, Häuptling der Blackfoot-Indianer
> vor seinem Tod am 25. April 1890

»Die interessantesten Fragen bleiben immer Fragen«, heißt es in *Oskar und die Dame in Rosa.* »Nur uninteressante Fragen haben eine endgültige Antwort.«[46]

Das gilt auch für das Rätsel, das uns der Tod aufgibt. Um sein Geheimnis zu ergründen, hat der Schriftsteller Ernst Jünger »Letzte Worte« von Sterbenden zusammengetragen, in der Hoffnung, in diesen Äußerungen den Sinn eines gelebten Lebens zu entdecken. Er suchte nach Antworten – auch »für den, der früher oder später den gleichen Weg antreten, dasselbe Tor durchschreiten muss«[47].

Aber auch hier hat sich wieder gezeigt, dass jeder Mensch seinen eigenen Tod stirbt, dass nichts vergleichbar oder allgemeingültig ist. Der Maler Corot hoffte darauf, »dass man auch im Himmel malen kann«, der Philosoph Hegel klagte am Schluss: »Von allen meinen Schülern hat mich nur ein einziger verstanden. Und der hat mich falsch verstanden«, und Charles Darwin, der

Urvater der Evolutionstheorie, zeigte sich unerschrocken: »Es schreckt mich nicht im Geringsten, zu sterben.«

Sehr berührt hat mich die Geschichte der Malerin Paula Modersohn-Becker. Sie spürte den Tod kommen, schnell und unvermittelt, als sie mit nur 31 Jahren kurz nach der Geburt ihres Kindes an einer Embolie starb. »Wie schade!« Das waren ihre letzten Worte. Und sie trösten mich, weil sie eine so sanfte Mischung sind aus Bedauern und Ergebenheit. Kein Zorn, kein Auflehnen, kein Entsetzen, obwohl wir alle einen solchen Tod als grausam und ungerecht empfinden. Er hält sich nicht an Absprachen und Konventionen, er kümmert sich nicht darum, was wir vielleicht noch vorhaben, was unerledigt bleibt, wen wir zurücklassen. Sonst hätte er eine junge Mutter nicht von ihrem Kind weggerissen, eine begabte Künstlerin nicht von den vielen Bildern, die im Laufe der Jahre vielleicht noch entstanden wären. Aber Paula Modersohn-Beckers Leben war trotz allem erfüllt. »Mein Leben ist ein Fest«, hatte sie einmal in ihrem Tagebuch notiert, »ein kurzes intensives Fest.« Und in ihren Gemälden bleibt sie unvergessen, für mich vor allem in ihren klaren, schnörkellosen Bildnissen von Kindern in ihrer einfachen, übersichtlichen Welt.

Auch meine Kindheit war ein Ort, an dem ich mich sicher und geborgen fühlte, an dem mir alles verlässlich, unumstößlich, felsenfest zu sein schien. Da gab es ein stabiles Gefüge von Beziehungen, ein überschaubares Umfeld und die Überzeugung, dass jemand über mich wachte und alles schon in die richtigen Bahnen lenken würde. Und ich vertraute darauf, dass meine Welt für immer so bleiben würde. Dass dies nicht so war, dass sich im Gegenteil alles ständig verändert und der Wandel womöglich das einzig wirklich Verlässliche in unserem Leben ist, das war vielleicht das Wichtigste, das ich im Laufe der Jahre lernen und akzeptieren musste.

Für die meisten von uns ist Beständigkeit gleichbedeutend mit Sicherheit, während Veränderung die Furcht vor Verlust mit sich bringt, vor dem Risiko, Vertrautes los- und Unerwartetes zuzulassen. Unsere Welt ist ein ständiges Entstehen und Vergehen, ein immerwährender Kreislauf. Alles, was kommt, muss auch wieder gehen, um etwas Neuem Platz zu machen.

Wenn man es genau bedenkt, dann ist diese Veränderung ein wunderbares Geschenk. Nichts bleibt, wie es ist, bis zum letzten Augenblick unseres Lebens haben auch wir die Möglichkeit, uns zu wandeln, uns auf Abenteuer einzulassen, Fragen zu stellen und in Frage zu stellen. Und unser wichtigster Verbündeter dabei ist der Tod. Wenn wir es zulassen, kann er ein Freund fürs Leben werden. Denn das Bewusstsein, dass wir sterben müssen, macht uns letztlich klar, welche einmalige Chance, welche großartige Gelegenheit das Leben ist.

# Anhang

## Anmerkungen

1 Vgl. Montaigne, *Essays*, »Das Üben«, S. 188
2 Rebecca Reinhard, *Die Sinndiät*, S. 35
3 Seneca, *Vom glückseligen Leben*, S. 190f. und 211f.
4 Vgl. David Ewing Duncan, »When I'm 164 – The Science of Radical Life Extension, and What Happens if it succeeds«, *The Atlantic*, 09, 2012
5 Montaigne, *Essays*, »Philosophieren heißt sterben lernen«, S. 69
6 *Forbes*, »The 25 Biggest Regrets in Life«, 18.10.2012
7 Joanne K. Rowling, *Harry Potter und die Kammer des Schreckens*, S. 356
8 Montaigne, *Essays*, »Philosophieren heißt sterben lernen«, S. 62
9 Sogyal Rinpoche, *Das Tibetische Buch vom Leben und vom Sterben*, S. 84
10 Amos Oz, *Eine Geschichte von Liebe und Finsternis*, S. 326f.
11 Alan Bennett, *Die souveräne Leserin*, S. 34
12 Max Frisch, *Fragebogen*, S. 91
13 Informationen und Vollmachtsvorlagen über das Bundesministerium der Justiz: www.bmj.de oder auf dem Postweg: Publikationsversand der Bundesregierung, Postfach 481009, 18132 Rostock. Oder: Malteser Deutschland unter patientenverfuegung@malteser.org, Postweg: Von-Hompesch-Straße 1, 53123 Bonn
14 vgl. Philippe Ariès, *Geschichte des Todes*, S. 138f.
15 vgl. Gian Domenico Borasio, *Über das Sterben*, S. 28f.

16 Simone de Beauvoir, *Ein sanfter Tod*, S. 63
17 Simone de Beauvoir, *Ein sanfter Tod*, S. 30
18 IOM, »Approaching death: Improving care at the end of life.« *National Academy Press*, 1997
19 Leo Tolstoi, *Der Tod des Iwan Iljitsch*, S. 74
20 Simone de Beauvoir, *Ein sanfter Tod*, S. 104
21 Eric-Emmanuel Schmitt, *Oscar und die Dame in Rosa*, S. 17 und 85
22 Pim van Lommel, »Forschung zwischen Leben und Tod«, *Stern*, 28.09.2009
23 Elisabeth Kübler-Ross, *Interviews mit Sterbenden*, S. 41–99
24 Monika Renz, *Hinübergehen. Was beim Sterben geschieht*, S. 23
25 Monika Renz, *Hinübergehen. Was beim Sterben geschieht*, S. 42
26 C. G. Jung, *Seele und Tod*, S. 467
27 Sogyal Rinpoche, *Das Tibetische Totenbuch*, S. 7
28 Sogyal Rinpoche, *Das Tibetische Totenbuch*, S. 288
29 Sogyal Rinpoche, *Das Tibetische Totenbuch*, S. 26
30 vgl. Karl Kardinal Lehmann: *Was heißt »Ewiges Leben«?*, Beitrag für die Festschrift Gerhard Sauter, 2005
31 David Grossmann, *Aus der Zeit fallen*, S. 44
32 vgl. Yorick Spiegel, *Der Prozess des Trauerns*, S. 93 ff.
33 Amos Oz, *Eine Geschichte von Liebe und Finsternis*, S. 804 ff.
34 Gian Domenico Borasio, *Über das Sterben*, S. 87
35 Norbert Ohler, *Sterben und Tod im Mittelalter*, S. 83 f.
36 Elisabeth Kübler-Ross, *Kinder und Tod*, S. 41
37 Jonathan Safran Foer, *Extremely Loud and Incredibly Close*, S. 319 ff.
38 vgl. Yorick Spiegel, *Der Prozess des Trauerns*, S. 93 ff.
39 Yorick Spiegel, *Der Prozess des Trauerns*, S. 112
40 Yorick Spiegel, *Der Prozess des Trauerns*, S. 112
41 vgl. Norbert Ohler, *Sterben und Tod im Mittelalter*, S. 36

42 Susan Varley, *Leb wohl, lieber Dachs*

43 Martin Fegg; Maria Wasner; Christian Neudert; Gian Domenico Borasio: »Personal values and individual quality of life in palliative care patients«, in: *Journal of Pain and Symptom Managment*, Vol. 30, Iss. 2, August 2005

44 vgl. auch Gian Domenico Borasio, *Über das Sterben*, S. 89ff.

45 Babylonischer Talmud, Traktat Sanhedrin, S. 37a

46 Eric-Emmanuel Schmitt, *Oskar und die Dame in Rosa*, S. 94

47 *FAZ*, Nr. 89, 17.04.2013, S. 33

## Literaturliste


Ariès, Philippe: *Geschichte des Todes*, Carl Hanser Verlag, 1980

Assmann, Jan; Maciejewski, Franz; Michaels, Axel (Hrsg.): *Der Abschied von den Toten, Trauerrituale im Kulturvergleich*, Wallstein Verlag, 2005

Beauvoir, Simone de: *Ein sanfter Tod*, Rowohlt Taschenbuch Verlag, 2009

Bennett, Alan: *Die souveräne Leserin*, Wagenbach, 2008

Borasio, Gian Domenico: *Über das Sterben*, C.H.Beck, 2011

Dickens, Charles: »Weihnachtslied« in *Weihnachtserzählungen*, Insel, 1978

Epiktet: *Handbüchlein der Moral und Unterredungen*, Kröners Taschenausgabe, Bd. 2, 1984

Foer, Jonathan Safran: *Extrem laut und unglaublich nah*, Fischer Taschenbuch Verlag, 2007

Frisch, Max: *Fragebogen*, Suhrkamp, 1992

Grossmann, David: *Aus der Zeit fallen*, Carl Hanser Verlag, 2011

Kübler-Ross, Elisabeth: *Interviews mit Sterbenden*, Kreuz Verlag, 1992

Kübler-Ross, Elisabeth: *Kinder und Tod*, Kreuz Verlag, 1983

Lehmann, Karl, Kardinal: Beitrag für die Festschrift Gerhard Sauter, *Was heißt »Ewiges Leben«?*, 2005

Montaigne, Michel de: *Die Essays*, Diederichsche Verlagsbuchhandlung, 1953

Moody, Raymond A.: *Leben nach dem Tod*, Rowohlt, 1977

Ohler, Norbert: *Sterben und Tod im Mittelalter*, Artemis Verlag, 1990

Oz, Amos: *Eine Geschichte von Liebe und Finsternis*, Suhrkamp, 2006

Reinhard, Rebekka: *Die Sinndiät*, Ludwig Verlag, 2009

Renz, Monika: *Hinübergehen. Was beim Sterben geschieht*, Kreuz Verlag, 2012

Rinpoche, Sogyal: *Das Tibetische Totenbuch*, Otto Wilhelm Barth Verlag, 1994

Rowling, Joanne K.: *Harry Potter und die Kammer des Schreckens*, Carlsen Verlag, 1999

Saint-Exupéry, Antoine de: *Der kleine Prinz*, Karl Rauch Verlag, 1958

Schami, Rafik: *Die dunkle Seite der Liebe*, Deutscher Taschenbuch Verlag, 2006

Schmitt, Eric-Emmanuel: *Oskar und die Dame in Rosa*, Fischer Taschenbibliothek, 2007

Schwickart, Georg: *Tod und Trauer in den Weltreligionen*, Topos plus Verlagsgemeinschaft, 2007

Seneca: *Vom glücklichseligen Leben*, Kröners Taschenausgabe, Bd. 5, 1978

Spiegel, Yorick: *Der Prozess des Trauerns*, Chr. Kaiser Verlag, 1977

Tolstoi, Leo: *Die Großen Erzählungen: Der Tod des Ivan Iljitsch*, Insel Taschenbuch, 1975

Varley, Susan: *Leb wohl, lieber Dachs*, Betz, 1992

## Danksagung

Für ihre Unterstützung und Begleitung, für intensive Gespräche, wertvolle Anregungen und das Teilen ihrer Geschichten danke ich:

Ava, Evelyne Fischer, Georg, Heike Gronemeier, Ina, Irina und allen Mitarbeiterinnen des Wohnbereichs II im Karl-Delorme-Alten- und Pflegeheim in Mainz, Julika Jänicke, Thomas Montasser, Stefanie Jost, Karl Kardinal Lehmann, Marco, Christine Schiessl, Barbara Schoppmann, Rabbi Jonah Sievers, Paulus Terwitte, Tarik, Ursula, Maria von Welser und ganz besonders: Manuel, Teresa, Max und Ekkehardt.

Will Schwalbe
# An diesem Tage lasen wir nicht weiter

Das letzte Jahr mit meiner Mutter
Aus dem Amerikanischen von Henriette Zeltner
384 Seiten. Gebunden mit Schutzumschlag
ISBN 978-3-471-35085-0

**Lesen ist das Gegenteil von Sterben**

»Was liest du gerade?« So beginnt das Gespräch zwischen Will Schwalbe und seiner Mutter Mary Anne. Sie ist todkrank, doch anstatt zu verzweifeln, widmet sie sich ihrer großen Leidenschaft, dem Lesen. Die Liebe zur Literatur verbinden Mutter und Sohn. Über ein Jahr begleitet Will seine Mutter bis zum Ende ihres Lebens – und durch eine Welt von Büchern, die sie gemeinsam erkunden.

»Ein elegantes, intelligentes und feinfühliges Buch.«
*Radio Bremen, Barbara Dobrick*

List